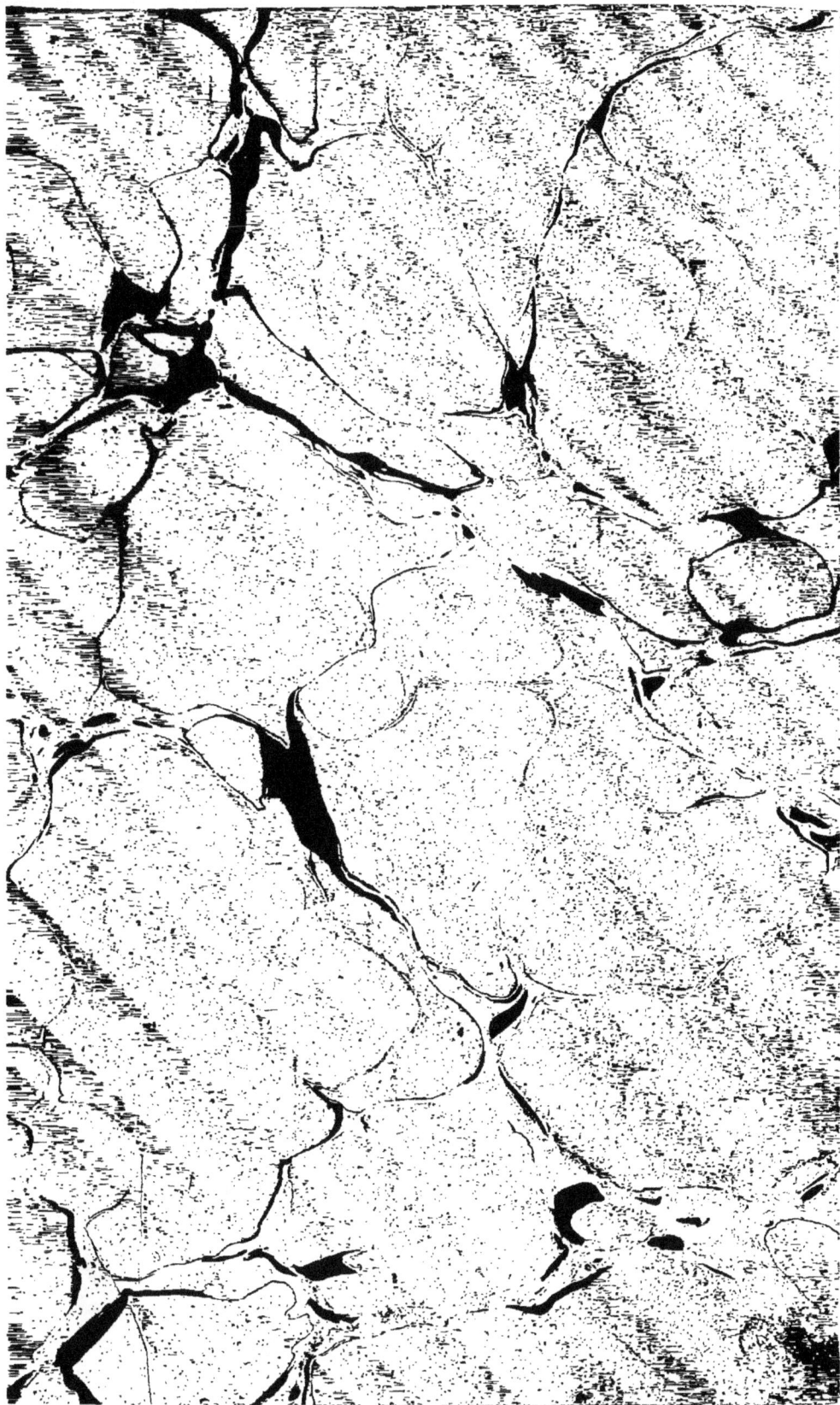

LIVRE D'IMAGES

SANS IMAGES

PAR

H. C. ANDERSEN

TRADUIT DE L'ALLEMAND

PAR J. F. MINSSEN

PARIS

LIBRAIRIE DE L. HACHETTE ET Cⁱᵉ

RUE PIERRE-SARRAZIN, N° 14

—

1859

PRIX : 1 FRANC

LIVRE D'IMAGES

SANS IMAGES

PARIS. — IMPRIMERIE DE CH. LAHURE ET Cie
Rues de Fleurus, 9, et de l'Ouest, 21

LIVRE D'IMAGES
SANS IMAGES

PAR

H. C. ANDERSEN

TRADUIT DE L'ALLEMAND

PAR J. F. MINSSEN

PARIS

LIBRAIRIE DE L. HACHETTE ET Cie

RUE PIERRE-SARRAZIN, N° 14

1859

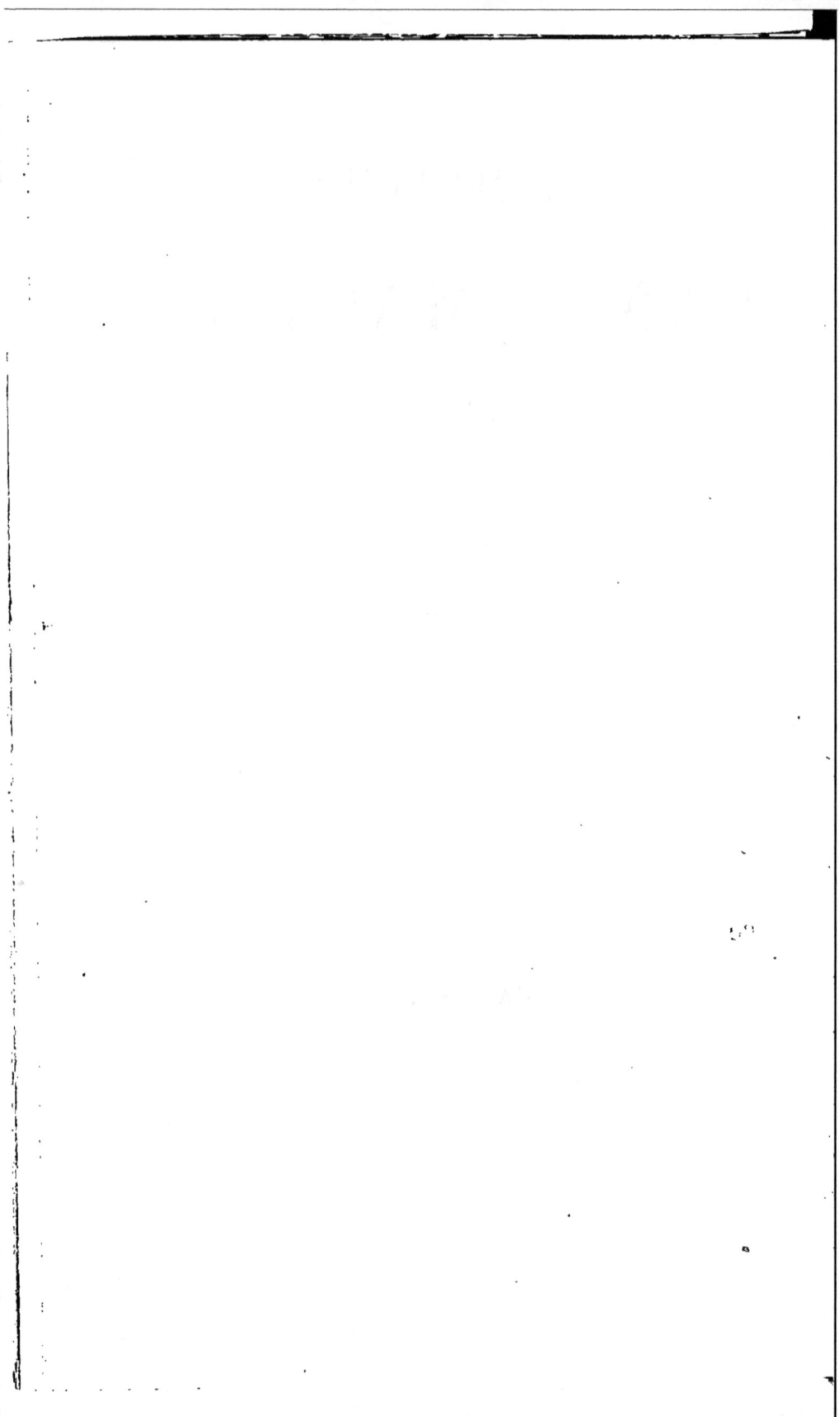

Chose étrange! mes mains et ma langue sont comme paralysées, quand je sens bien vivement et bien profondément; je ne saurais bien rendre ni bien exprimer qui se passe en moi; et pourtant, je suis peintre, mes yeux me le disent, tous ceux qui ont vu mes esquisses et mes dessins me le répètent.

Je suis bien pauvre, je demeure dans

une des rues les plus étroites de la ville;
mais la lumière ne me manque pas, car
je demeure très-haut, avec vue sur les
toits. Pendant les premiers jours qui sui-
virent mon entrée dans cette ville, je me
sentais bien isolé, bien à l'étroit; au lieu
de forêts et de vertes collines, de noirs
tuyaux de cheminées bornaient mon ho-
rizon. Je n'avais ici aucun ami; aucun
visage connu ne me souriait.

Un soir, j'avais le cœur bien gros, j'é-
tais à la fenêtre; je l'ouvris pour regarder
dans la rue. Ah! quelle joie remplit mon
cœur, lorsque j'aperçus une figure con-
nue, un visage rebondi et aimable, celui
de la meilleure amie que j'eusse eue dans
mon pays! je vis la face de la Lune. Cette
bonne vieille Lune était exactement la
même qu'autrefois, lorsqu'elle me souriait
à travers les branches des saules du ma-
rais. Je lui envoyai des baisers, et elle, à
son tour, se mit à inonder de sa lumière

ma petite mansarde tout entière, en me promettant de venir me voir, pendant quelques instants, tous les soirs qu'elle sortirait pour se promener. Elle a fidèlement tenu sa promesse. Mais quel dommage qu'elle ne puisse rester plus longtemps! Chaque fois qu'elle vient, elle me raconte ceci ou cela, tout ce qu'elle a vu la veille ou dans la soirée même. La première fois qu'elle vint me voir : « Peins, dit-elle, tout ce que je vais te conter, et tu finiras par avoir un beau livre d'images. » C'est ce que j'ai fait pendant bien des soirées. Je pourrais illustrer ainsi, à ma façon, d'autres Mille et une Nuits, mais je craindrais que leur nombre ne fût trop grand. Les tableaux que je vais donner ici ne sont pas choisis çà et là parmi un plus grand nombre; ils se suivent dans l'ordre dans lequel ils m'ont été inspirés. Si l'envie lui en venait, un grand peintre de génie, un poëte ou un musicien, pourrait embellir ces simples données; quant à moi, je ne fais que tracer sur le papier de légers contours; j'y ajoute quelquefois mes propres idées : car la Lune n'est pas venue tous les soirs; souvent un nuage envieux se mettait entre elle et moi.

PREMIÈRE SOIRÉE.

« La nuit dernière, ce sont les propres paroles de la Lune, je traversais le ciel limpide de l'Inde; je me mirais dans les eaux du Gange, et mes rayons essayaient de percer les branches entrelacées et le feuillage épais des platanes, voûtés comme la carapace d'une tortue. Une jeune fille hindoue, belle comme Ève et légère comme une gazelle, sortit en bondissant du taillis. Quelle apparition aérienne que cette fille de l'Inde, et cependant quelles formes marquées et gracieuses! Je pouvais lire sa pensée à travers sa peau délicate. Les lianes épineuses déchiraient ses sandales pendant qu'elle courait, mais elle avançait toujours d'un pas rapide. Les animaux de la forêt, venant du fleuve où ils étaient descendus pour se désaltérer, passaient tout effrayés, car la jeune fille tenait dans sa main une lampe allumée; je voyais son sang pur circuler dans ses doigts délicats, qui, formant une voûte au-dessus de la lampe, protégeaient la flamme contre le vent. La jeune fille s'approcha du fleuve, posa la lampe sur l'eau et la laissa aller à la dérive. La flamme vacilla un moment, comme si elle allait s'éteindre; mais la lampe brûlait toujours, et la jeune fille aux brillants yeux noirs frangés de longs cils soyeux, la suivait toujours de ses regards expressifs. Car elle savait que son bien-aimé serait vivant, si la lampe continuait à brûler tant qu'elle pourrait la suivre du regard ; elle savait qu'il serait mort, si la lampe s'éteignait plus tôt. Mais la lampe continuait à brûler d'une flamme vive ; la jeune fille s'agenouilla pour prier. A côté d'elle, les replis d'un serpent brillaient dans l'herbe ; mais elle ne pensait qu'à Brâhma et à son fiancé : « Il vit, s'écria-t-elle avec transport. — Il vit, répéta l'écho dans la montagne, il vit ! »

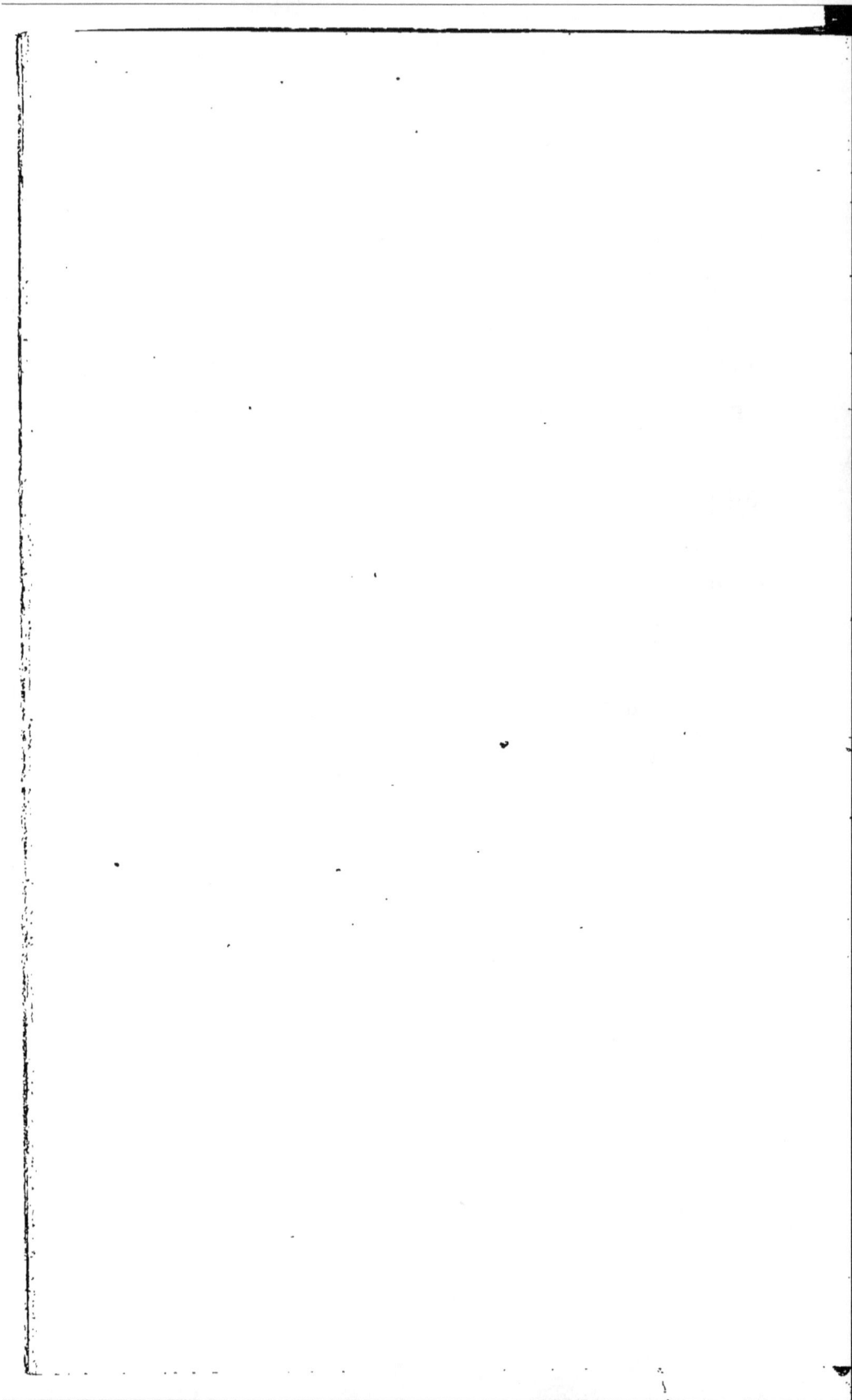

DEUXIÈME SOIRÉE.

« Hier, c'est ainsi que me parlait la Lune, j'ai regardé dans une cour étroite, tout entourée de maisons. Il y avait là une poule avec onze poussins ; une gentille petite fille gambadait autour de leur nid ; la poule se mit à glousser, et, pleine de frayeur, elle couvrit ses petits de ses ailes. Survint le père de la petite fille ; il la gronda, et je passai mon chemin sans penser davantage à ce que j'avais vu.

« Mais ce soir, il y a de cela quelques minutes seulement, j'ai regardé encore dans cette même cour. Tout y était tranquille ; mais bientôt arrivait la petite fille ; elle se glissait à pas furtifs jusqu'au poulailler, et, après avoir repoussé le verrou de la porte, elle entrait chez la poule et ses petits ; les poussins criaient de frayeur et agitaient leurs petites ailes ; la petite fille courait après eux. Je pouvais voir tout cela, car je regardais par un petit trou dans le mur. Je me fâchais contre cette méchante enfant, et j'étais bien aise de voir le père venir gronder sa fille plus fort qu'hier et la prendre par le bras. La tête de l'enfant était penchée en arrière, ses grands yeux bleus se remplissaient de grosses larmes. « Que fais-tu ici ? » lui demandait son père. Elle pleurait. « Je

« voudrais embrasser la poule, disait-elle
« enfin, mais je n'osais pas te le dire. » Le
père embrassait le front de cette chère
enfant si naïve, tandis que moi je lui baisais les yeux et la bouche. »

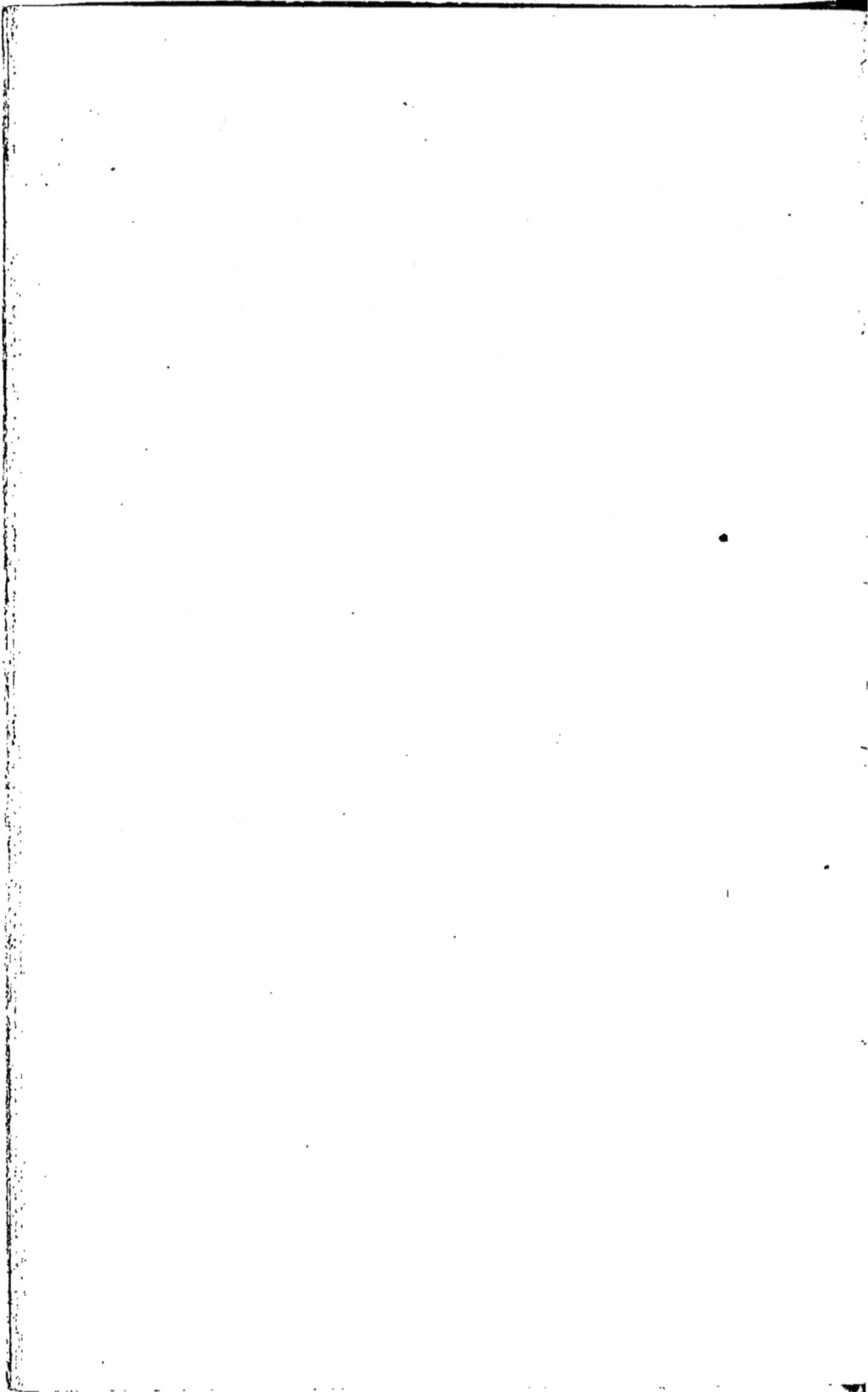

TROISIÈME SOIRÉE.

« Là-bas, au coin de ta maison, tu vois
cette rue étroite ; elle est si étroite que
mes rayons n'ont qu'une minute pour s'y
glisser le long des maisons ; mais, pendant
cette seule minute, je vois assez pour con-
naître le petit monde qui s'agite dans
l'intérieur. Dans une de ces maisons j'ai

vu une femme. Il y a seize ans, elle était
enfant encore ; elle était à la campagne,
où elle jouait dans le jardin de l'antique
presbytère ; les vieilles haies de rosiers
avaient déjà perdu leurs fleurs ; les rosiers
poussaient partout dans les allées, et leurs
fortes pousses montaient jusque dans les
branches des pommiers ; çà et là on voyait
encore des roses ; elles n'étaient pas aussi
belles que l'est d'ordinaire cette reine des
fleurs ; elles en avaient cependant les couleurs et le parfum. La petite fille du pas-
teur me parut plus belle que la plus belle
des roses; elle était assise sur un escabeau,
sous un berceau de rosiers sauvages, et
caressait sa poupée aux joues de carton
crevassées.

« Dix ans plus tard, je revis la jeune
fille. Je l'aperçus dans une brillante salle
de bal ; elle était la belle fiancée d'un riche
négociant. J'étais heureuse de son bonheur, et, le soir, lorsque tout était calme

et tranquille, j'allai la voir. Hélas! personne ne songe à mes yeux perçants ni à mes regards pénétrants. Ma belle rose eut des pousses sauvages, comme les rosiers dans le jardin du presbytère. La vie de tous les jours a aussi ses tragédies ; aujourd'hui j'ai vu le cinquième acte de celle que je te raconte.

« Dans l'étroite rue, j'ai revu la jeune femme sur son lit de mort ; l'impitoyable logeur lui arrachait, d'une main dure et grossière, sa couverture qui seule la protégeait contre le froid. « Lève-toi! dit-il, tes « joues livides effrayent le monde ; mets « du fard, gagne de l'argent, ou je te jette « dans la rue. Allons! lève-toi! — La mort « est dans mon cœur, répondit-elle. Ah! « laissez-moi me reposer! » Le logeur l'arracha violemment de son lit, lui farda les joues, tressa des roses dans ses cheveux, et, après l'avoir placée devant la fenêtre à côté d'une chandelle allumée, il sortit. Je

regardais la malheureuse; elle était immobile, les bras lui tombaient sur les
genoux. Le vent ferma violemment la
fenêtre, les carreaux volèrent en éclats;
la femme était immobile comme auparavant; le rideau en flamme, s'agitait autour
d'elle; elle était morte. Cette femme morte,
à la fenêtre, parle éloquemment...: c'est
ma rose du jardin du presbytère. »

QUATRIÈME SOIRÉE.

« Ce soir, j'ai assisté à la représentation d'une comédie allemande, me disait la Lune. C'était dans une petite ville. On avait changé une écurie en théâtre, c'est-à-dire on avait laissé les stalles pour en faire des loges; les boiseries avaient été couvertes de papiers peints; au plafond

peu élevé était suspendu un petit lustre
en fer. Pour pouvoir le faire disparaître
au signal, donné par la sonnette du souf-
fleur, comme dans les grands théâtres,
on avait placé au-dessus du lustre un
grand tonneau ouvert en bas. Drelin!
drelin! le petit lustre en fer fit un bond
de trois pieds et disparut sous le tonneau;
on comprit que la représentation allait
commencer. Un jeune prince et son épouse
qui, pendant un voyage, s'étaient arrêtés
dans cette petite ville, assistaient au spec-
tacle; voilà pourquoi la salle était comble.
Seulement, la place sous le lustre formait,
dans cette masse de têtes, comme un cra-
tère; on n'y voyait pas une âme : le suif
dégouttait des chandelles. Je pouvais tout
voir, car il faisait tellement chaud dans
la salle que l'on avait ouvert toutes les
petites fenêtres. Les garçons d'écurie et
les servantes en profitaient pour regarder
dans la salle, malgré la présence des gens

de police qui les menaçaient du gourdin.
Près de l'orchestre, on voyait le prince et
la princesse, assis dans deux vieux fau-
teuils, dans lesquels trônaient à l'ordinaire
M. le Bourgmestre et Mme son épouse.
Aujourd'hui, ceux-ci étaient bien obligés
de s'asseoir humblement sur des bancs
de bois, comme le commun des bourgeois.
« Ah! voyez-vous, Gros-Jean vaut plus
« que Petit-Jean! » dit une dame tout bas
l'oreille d'une voisine. Mais ce change-
ment de places avait donné à l'ensemble
un aspect plus solennel qu'à l'ordinaire.
Le lustre fit son bond dans le tonneau,
les gens de police donnèrent sur les doigts
au pauvre monde du dehors, et moi, la
Lune, j'assistai à la représentation jusqu'à ce que tout fût fini. »

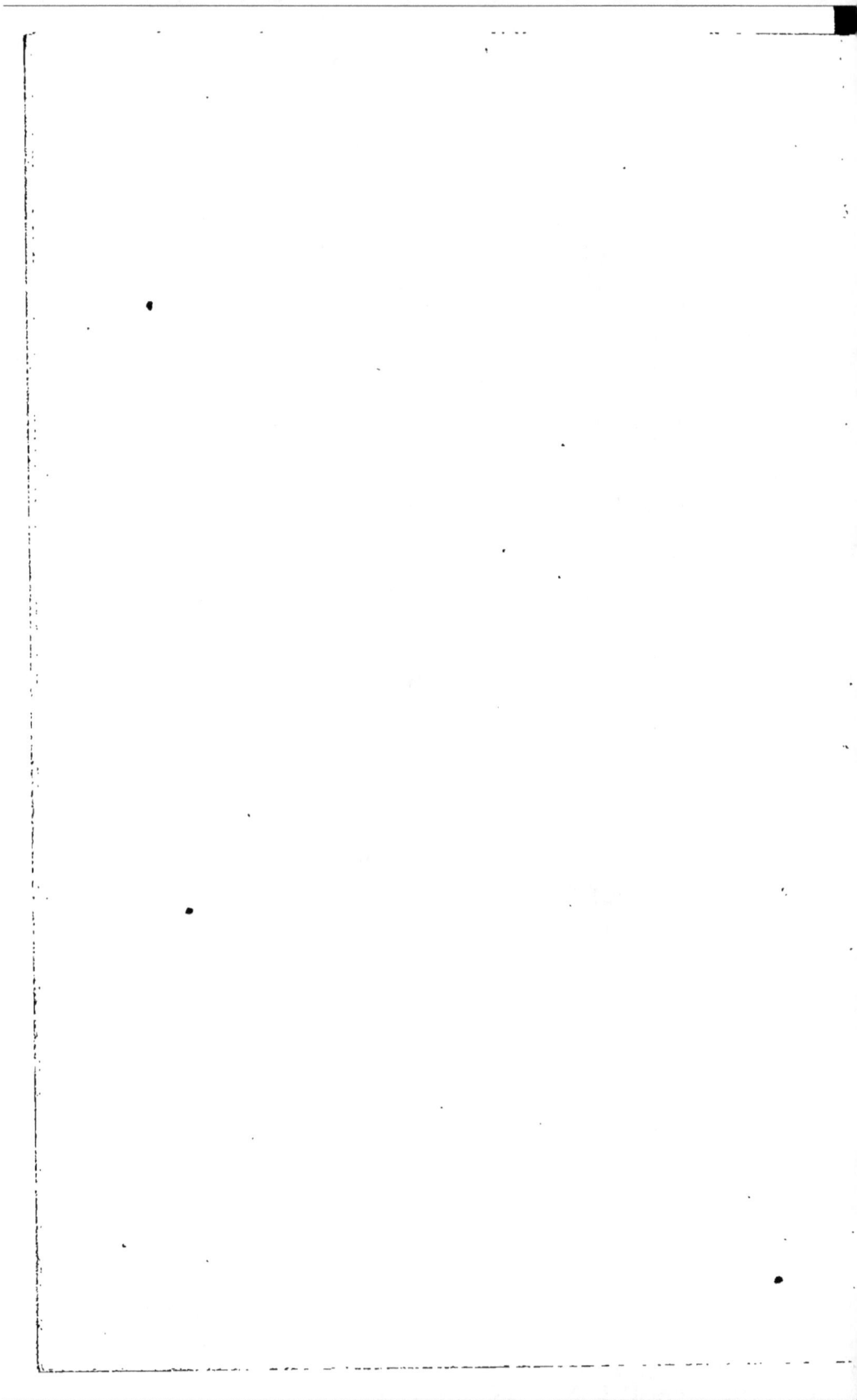

CINQUIÈME SOIRÉE.

« Hier au soir, ainsi me parlait la Lune, je regardais la ville de Paris avec ses rues agitées ; mes yeux pénétraient dans les salles des Tuileries ; une vieille bonne femme, pauvrement vêtue, puisqu'elle appartenait aux basses classes, suivait un des valets du château dans la grande salle du Trône, où il n'y avait personne. C'était cette salle qu'elle voulait voir, qu'il lui fallait voir; elle avait dû faire bien des sacrifices, prodiguer bien des prières avant d'y parvenir. La voilà qui joignit ses mains décharnées, comme si elle se trouvait dans la maison de Dieu. « C'était ici, dit-« elle, c'était ici! » En disant ces mots, elle s'approcha du trône, dont les riches draperies de velours avec leurs franges d'or tombaient jusqu'à terre. « C'était là, « s'écria-t-elle, c'était là! » Elle s'agenouilla pour baiser le tapis de pourpre, je crois même qu'elle pleura. « Cependant ce n'é-« tait pas ce même velours, dit le valet, le « sourire aux lèvres. — Mais c'était ici, ré-« pliqua la vieille, la salle était pourtant « telle qu'elle est maintenant. — C'est bien « la même salle, reprit le valet, et cepen-« dant elle n'est pas telle qu'elle était « alors; les fenêtres étaient brisées, les « portes avaient été enlevées et le sang

« coulait sur le parquet. Cependant vous
« pouvez dire que votre petit-fils est mort
« sur le trône de France. — Mort!...» répéta la vieille femme.

« Je ne crois pas que l'on ait dit autre
chose encore ; bientôt tous deux quittèrent
la salle. Le crépuscule fit place à la nuit,
et mes rayons jetaient de vifs reflets sur
les somptueuses draperies qui couvraient
le trône de France. Sais-tu qui était la
vieille bonne femme ?

« Je vais te conter une histoire. C'était
pendant la révolution de Juillet, le soir de
la plus glorieuse de ces journées de vic-
toire, lorsque chaque maison était une
forteresse, et chaque fenêtre une redoute.
Le peuple s'était emparé des Tuileries.
Femmes et enfants étaient parmi les combattants ; on pénétra dans les appartements, dans les salles du palais. Un
pauvre enfant, tout jeune encore et couvert
de haillons, luttait courageusement au mi-

lieu de combattants plus âgés que lui; frappé à mort par plusieurs coups de baïonnette, il s'affaissa; .la scène se passait dans la salle du Trône. On posa le corps sanglant sur le trône de France, on banda ses plaies avec du velours, son sang se répandit sur la pourpre royale. Dieu! quel tableau! Une salle magnifique, des groupes de combattants! Un drapeau à la hampe brisée gisait à terre, le drapeau tricolore flottait au-dessus des baïonnettes, et sur le trône reposait le pauvre enfant au visage pâle, mais radieux, les yeux élevés vers le ciel, tandis que ses membres se tordaient dans les douleurs de l'agonie; sa poitrine nue, ses haillons, étaient à demi cachés par le velours, brodé aux fleurs de lis d'argent. On avait prédit à l'enfant, au berceau, qu'il mourrait sur le trône de France. Le cœur de sa mère avait rêvé un second Napoléon.

« Mes rayons ont souvent baisé la couronne d'immortelles sur son tombeau ;
mes rayons ont baisé ce soir le front de
la vieille grand'mère, pendant que, dans
ses rêves, elle contemplait le tableau au
bas duquel tu pourras mettre :

« Le pauvre enfant sur le trône de
« France. »

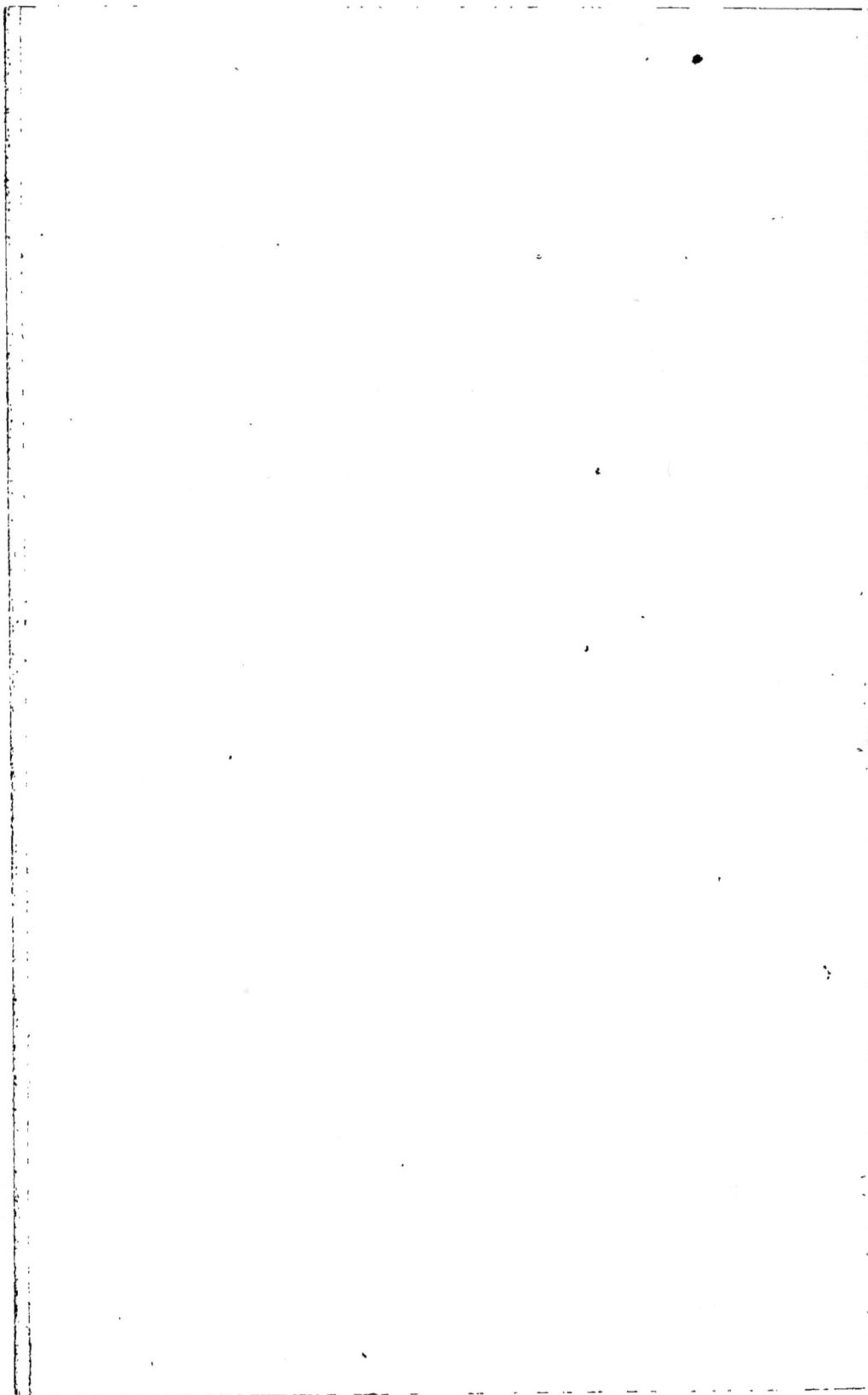

SIXIÈME SOIRÉE.

« J'ai été à Upsal, disait la Lune. Je regardais d'en haut la vaste plaine avec ses
maigres herbes et ses champs stériles. Je
me mirais dans les eaux du Fyris, pendant que le bateau à vapeur chassait les
poissons effrayés dans les roseaux. Au-
dessous de moi, les nuages, poussés par

le vent, projetaient leurs longues ombres
sur les monticules que l'on dit être les
tombeaux d'Odin, de Thor et de Freia. On
voit des noms inscrits sur le maigre gazon
qui recouvre ces collines. Il n'y a pas ici
de pierre monumentale sur laquelle le
voyageur puisse faire graver son nom, ni
de paroi de rocher sur laquelle il puisse
le faire peindre; c'est pourquoi on en-
lève des mottes de gazon pour former
ainsi les noms des visiteurs. On voit la
terre nue dans ces noms gigantesques,
dans ces grosses lettres qui enlacent le
gazon comme un réseau. Immortalité
bientôt effacée par l'herbe nouvelle! Sur
le sommet de la colline il y avait un
homme, un barde; il vidait sa corne gar-
nie de larges bandes d'argent et remplie
d'hydromel; il prononçait tout bas un
nom, il priait les vents de ne pas le trahir;
moi, cependant, j'ai entendu ce nom. Je le
connais, il est surmonté d'une couronne

de comtesse ; c'est pourquoi le barde le disait tout bas. Je souriais ; car le nom du barde est orné de la couronne des poëtes. La noblesse d'Éléonore d'Este est attachée au nom du Tasse. Je sais encore où fleurit la rose de la beauté. »

Ainsi parlait la Lune, lorsqu'un nuage se mit entre nous. Qu'aucun nuage ne vienne séparer le poëte de la rose qu'il chante !

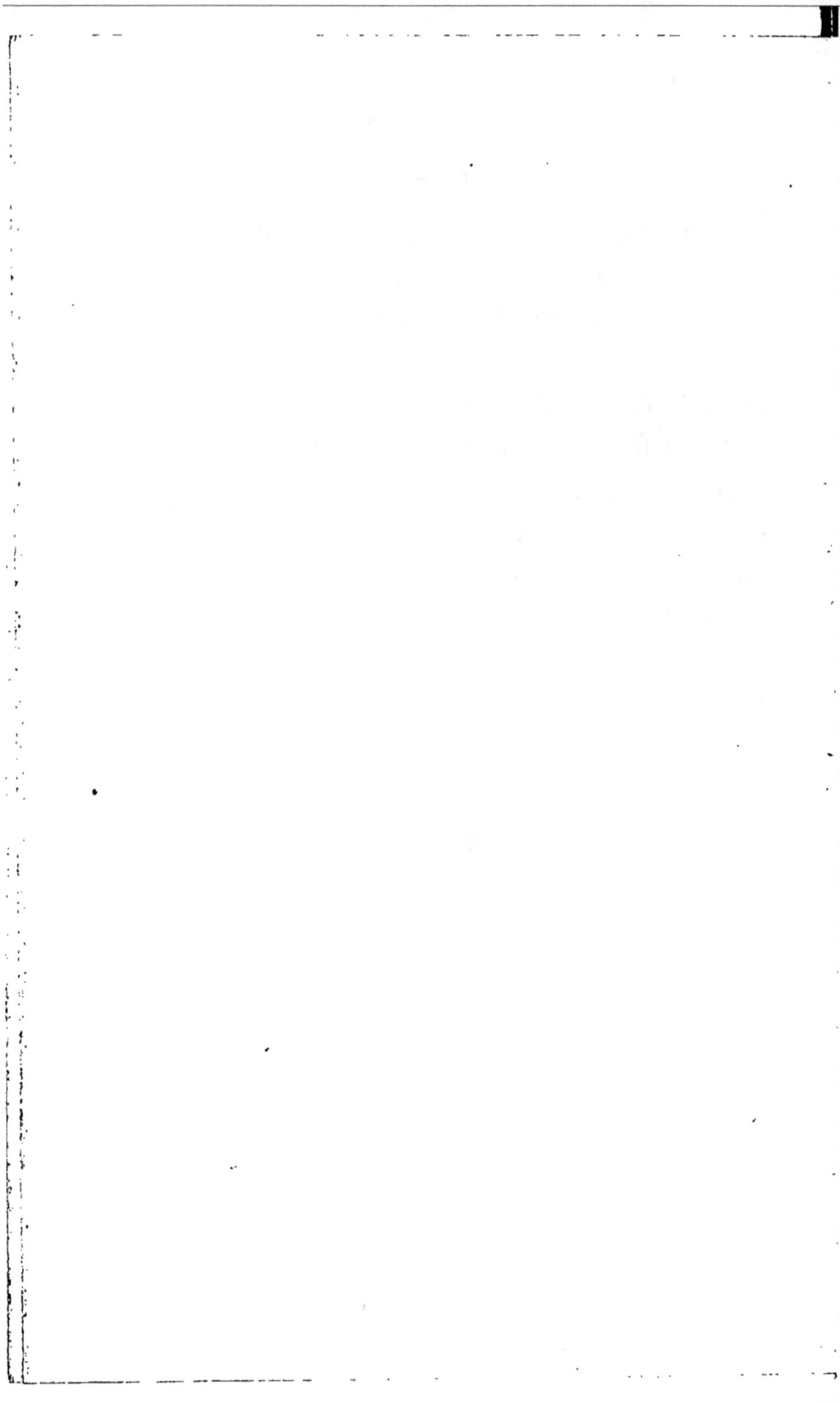

SEPTIÈME SOIRÉE.

« Le long de la plage s'étend une forêt de
pins et de hêtres ; l'ombre y est si fraîche
et l'air y est tellement imprégné de par-
fums, qu'à chaque renouveau des centaines
de rossignols viennent y faire leurs nids.
Tout près de la forêt est la mer aux flots
toujours agités ; entre la mer et la forêt

se trouve la grande route. Une voiture y passe après l'autre; je ne les suis pas : mes yeux aiment mieux se reposer sur un seul point. Il y a là un *tombeau de géants,* parsemé de blocs de pierre que les ronces et les pruniers sauvages couvrent de leur végétation luxuriante. Voilà de la poésie dans la nature! Comment penses-tu que les hommes la comprennent? Je vais te raconter ce que j'y ai entendu dire hier au soir et pendant la nuit.

« D'abord vinrent à passer en voiture deux riches fermiers : « Voilà de magni- « fiques arbres, dit l'un d'eux.

« — Chaque arbre doit fournir au moins « dix voies de bois à brûler, répondit l'au- « tre; l'hiver sera dur, et l'année passée « nous avons vendu la voie quatorze écus. »

« Ils passèrent.

« La route est pitoyable ici, dit un au- « tre voyageur.

« — La faute en est à ces maudits ar-

« bres, répliqua son voisin; il n'y a pas
« de courant d'air ici; le vent ne peut y
« arriver que du côté de la mer. »

« Leur voiture s'éloigna.

« La malle-poste vint à passer; tous
les voyageurs dormaient à côté de ce
beau paysage; le postillon sonnait du
cor, mais toutes ses pensées se rédui-
saient au monologue que voici : « Ma
« foi, je joue bien du cor, ça résonne bien
« ici; je voudrais savoir si ça plaît à mes
« voyageurs! »

« La malle-poste passa.

« Arrivèrent ensuite, au galop, deux
jeunes gens. « Le feu de la jeunesse et du
« champagne brûle leur sang, » me dis-je.
Les voyageurs regardaient en souriant la
colline couverte de mousse et le taillis
épais. « J'aimerais bien me promener ici
« un peu avec la fille du meunier, » dit
l'un d'eux.

« Ils passèrent.

« Les fleurs embaumaient l'air tranquille ; la mer semblait être la continuation de la voûte céleste, jetée comme l'arche d'un immense pont sur la vallée profonde. Une voiture vint à passer ; dans l'intérieur il y avait six voyageurs dont quatre dormaient ; le cinquième pensait à sa veste neuve qui, se disait-il, lui allait à merveille ; le sixième, s'adressant au cocher, lui demanda s'il y avait quelque chose de remarquable dans ce tas de pierres.

« Non, répondit le cocher, mais les ar-
« bres sont remarquables.

« — Comment cela ?

« — Je vais vous le dire, ils sont bien
« remarquables. Voyez-vous, lorsqu'en
« hiver la neige est très-profonde, et que
« le vent a nivelé toutes les routes, au
« point qu'on ne peut plus les voir, ces
« arbres, comme des jalons, m'aident à
« m'y reconnaître ; je suis leur direction
« pour ne pas aller dans la mer ; voyez-

« vous, c'est pourquoi ces arbres sont
« remarquables. »

« Survint un peintre ; ses yeux brillaient ;
il ne parlait pas, il sifflait un air ; les rossignols chantaient à qui mieux mieux.
« Taisez-vous ! » s'écria le peintre, puis
il nota exactement toutes les couleurs du
paysage et toutes leurs nuances : bleu,
lilas, brun foncé. « Ça pourra faire un
« beau tableau, » dit-il. Tout en sifflant
une marche de Rossini, il copia le
paysage, comme le miroir réfléchit un
tableau.

« Une pauvre jeune fille arriva la dernière ; pour se délasser, elle posa son far-
deau sur le *tombeau des géants ;* son beau
visage pâle était tourné vers la forêt,
comme pour écouter ; ses yeux brillaient
pendant qu'elle regardait la mer et le ciel ;
elle joignit ses mains et dit, je crois, une
prière. Elle ne comprenait pas les sensa-
tions qui débordaient en elle ; mais je sais

qu'après bien des années, ce moment et cette scène vivront dans son cœur avec des couleurs bien plus belles, et même avec une exactitude bien plus fidèle que sur le tableau du peintre. J'ai suivi de mes rayons la pauvre jeune fille, jusqu'à ce que l'aurore vint inonder son front de couleurs plus vives. »

HUITIÈME SOIRÉE.

De lourds nuages obscurcissaient le ciel; la Lune ne parut point; je me tenais à la fenêtre de ma petite mansarde, me sentant d'autant plus isolé que je regardais au ciel, sans trouver la Lune qui aurait dû y paraître. Mes pensées allaient au loin; elles montaient jusqu'auprès de mon amie qui, tous les soirs, me racontait de si jolies histoires et me montrait de si belles images. Ah! que de choses la Lune n'a-t-elle pas vues depuis qu'elle fut créée! Ses rayons ont glissé sur les eaux du déluge; du même doux sourire qu'elle me prodigue si souvent, elle salua, du haut du firmament, l'arche de Noé, et apporta à ses habitants la consolante nouvelle que bientôt la terre allait reparaître avec sa fraîche verdure. Lorsque le peuple d'Israël était assis auprès des fleuves de Babylone et pleurait, la Lune regarda avec tristesse les saules où étaient pendues leurs harpes. Lorsque Roméo escalada le balcon de Juliette, et qu'un baiser, prémices de leur amour, monta, sur les ailes d'un ange, vers le ciel, la pleine Lune, à demi cachée par les sombres cyprès, brillait suspendue à la voûte azurée. La Lune a vu le héros à Sainte-Hélène, lorsque, du haut de son rocher solitaire, il

laissait errer ses regards sur le vaste Océan,
pendant que de grandes pensées agitaient
son âme. Ah! que de choses la Lune ne
peut-elle pas nous raconter! Le monde
est pour elle un livre rempli de contes
fantastiques.

Vieille amie, je ne te verrai donc pas
aujourd'hui! Je n'ai donc pas aujourd'hui
d'images à dessiner dans mon livre,
comme souvenir de ta visite! Pendant que,
dans mes rêveries, je regardais les nuages,
le ciel se rasséréna; un seul rayon fugi-
tif de la Lune passa devant moi; de sombres nuages la cachèrent aussitôt : mais
ma vieille amie avait du moins voulu
m'envoyer son salut amical.

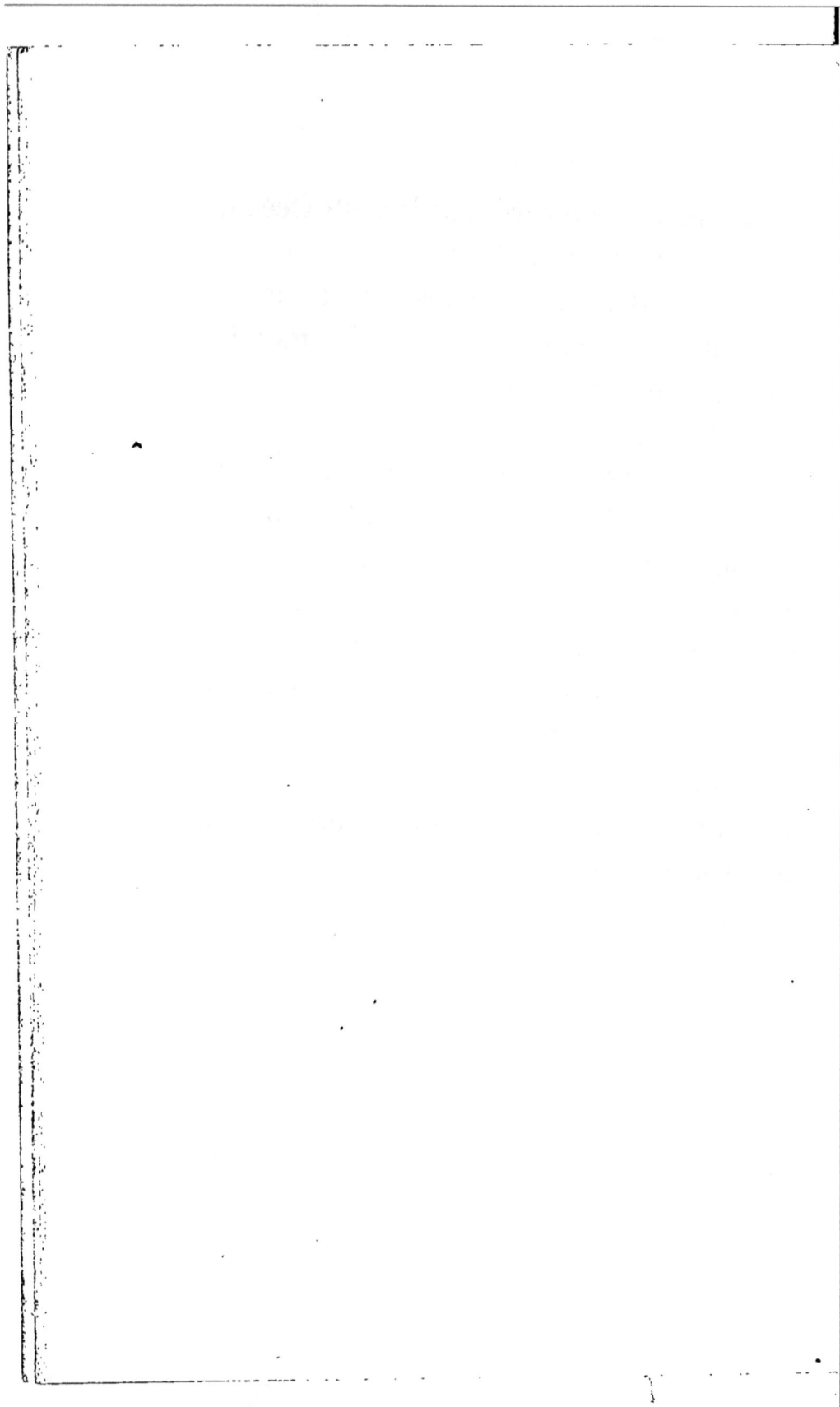

NEUVIÈME SOIRÉE.

Le ciel était redevenu serein ; plusieurs soirées avaient passé sans que j'eusse vu la Lune, qui était maintenant dans son premier quartier. Elle me fournit encore l'ébauche d'un tableau ; écoutez ce qu'elle m'a raconté :

« J'ai suivi la mouette et la baleine dans

leurs voyages vers la côte orientale du
Groënland ; j'y ai trouvé une vallée couverte de sombres nuages et entourée de
rochers stériles et hérissés de glaces, où
des saules nains et des airelles étaient en
pleine floraison. La lychnide épanouie
exhalait son doux parfum ; ma lumière
était faible, ma face était pâle comme la
fleur du nénufar, qui, arrachée de sa
tige, a flotté, pendant des semaines entières, à la surface des eaux. L'aurore bo-
réale éclairait le ciel de sa couronne écla-
tante ; c'était comme un large anneau
dont les rayons, tantôt rougeâtres, tantôt
verdâtres, se répandaient en langues de
feu sur tout le ciel. Les habitants du voi-
sinage s'étaient réunis pour danser et
pour se divertir ; mais, habitués à voir
ce magnifique phénomène, ils daignaient
à peine le regarder, se contentant de dire,
suivant leurs croyances : « Ne dérangeons
« pas les esprits de nos ancêtres qui jouent

« à la balle avec des têtes de chevaux ma-
« rins. » Ils ne pensaient qu'aux chants et
n'avaient d'yeux que pour la danse.

« Au milieu du cercle était debout un
Groënlandais, dépouillé de ses fourrures;
il tenait à la main un petit tambour dont
le bruit monotone accompagnait un chant
en l'honneur de la pêche aux phoques; le
chœur chantait le refrain : « Eïa, eïa, ah! »
et tous les assistants, enveloppés dans
leurs fourrures blanches, se mirent à danser une ronde, de sorte que l'on aurait
dit un bal donné par des ours blancs.
Les danseurs faisaient les mouvements de
tête les plus hardis et roulaient les yeux
d'une manière étrange. Puis on simula un
procès et un jugement; les deux parties
entrèrent en scène; celui qui se disait
l'offensé imitait les défauts de son adver-
saire dans une pantomime hardie et ironi-
que, dansant toujours au son du tambour;
l'accusé riposta avec habileté pendant que

toute l'assemblée éclatait de rire : puis le jugement fut prononcé. Les rochers retentissaient de bruits sourds, les glaciers se fendaient avec fracas, les avalanches énormes qui s'en détachaient, s'en allaient en poussière dans leur chute. C'était une magnifique nuit d'été dans le Groënland.

« A cent pas de là gisait un mourant sous sa tente ouverte, faite de peaux de renne; la vie circulait encore avec le sang chaud dans ses veines ; mais il allait mourir : lui-même il en était convaincu autant que tous les assistants groupés autour de lui ; c'est pourquoi sa femme l'avait déjà cousu dans un sac de peau, pour qu'après sa mort on n'eût pas besoin de toucher le cadavre. Sa femme lui demanda : « Désires-« tu être enterré au haut du rocher, dans « la neige gelée? J'ornerai l'endroit de ton « kaïac et de tes flèches; l'Anguekok, le « prêtre, y dansera. Ou préfères-tu être « descendu dans la mer?

« — Dans la mer ! » répondit-il d'une voix presque éteinte, en hochant la tête avec un sourire mélancolique.

« — C'est une agréable tente d'été, re-
« prit la femme, des milliers de phoques
« y folâtrent, les chevaux marins s'y en-
« dormiront à tes pieds, et la chasse y est
« joyeuse et sans danger ! »

« La peau tendue devant le trou qui servait de fenêtre fut arrachée par des enfants, avec des hurlements, pour que le mort pût être porté dans la mer, dans la mer agitée qui, pendant sa vie, lui avait donné sa nourriture, et qui, après sa mort, allait lui donner le repos. Les glaciers flottants, qui, nuit et jour, changent de place, furent son tombeau. Les phoques s'endorment sur ces glaçons, tandis que le pétrel, l'oiseau de tempête, les touche de ses ailes quand il passe. »

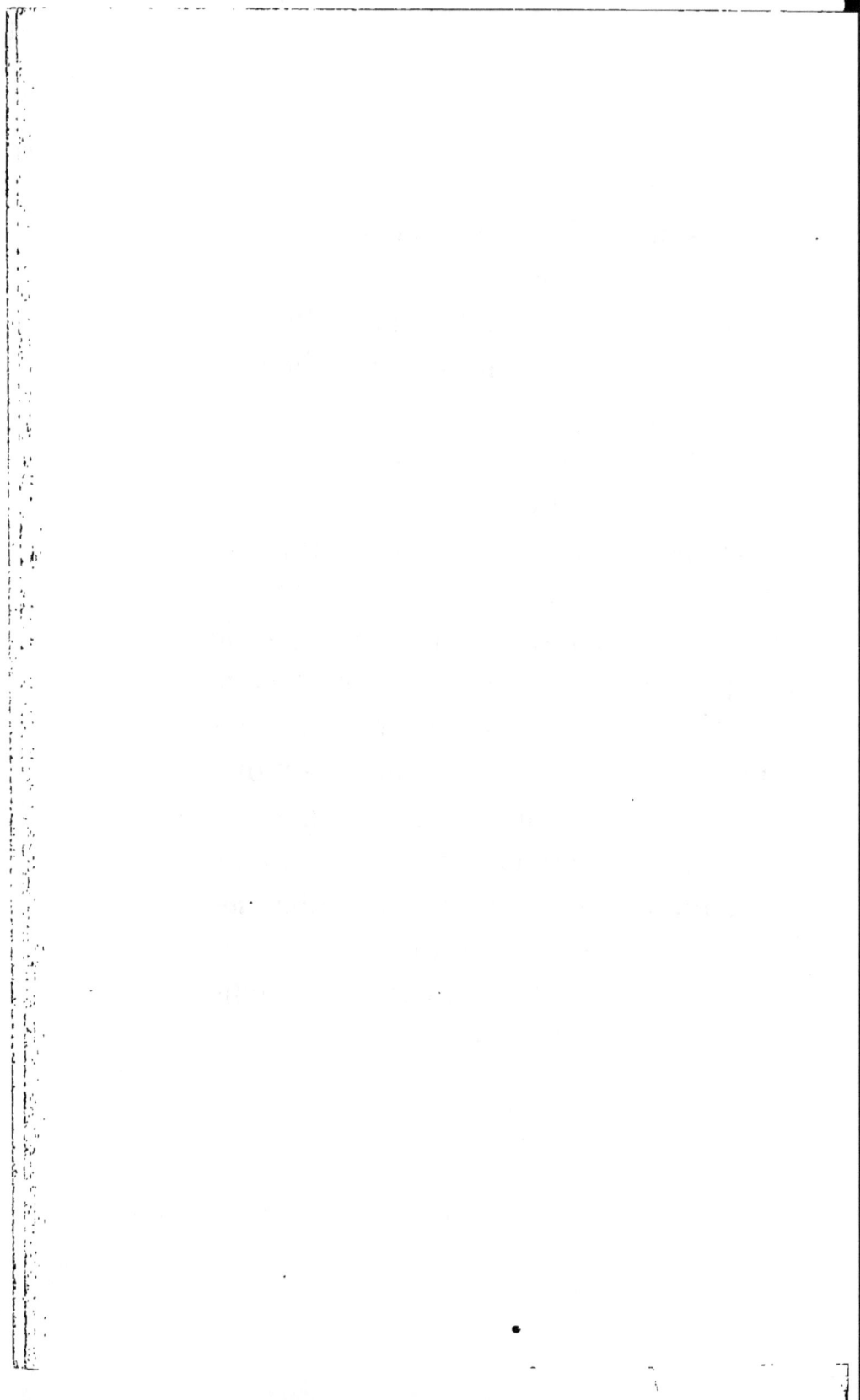

DIXIÈME SOIRÉE.

« Je connaissais autrefois une vieille fille, me dit la Lune ; pendant l'hiver, elle mettait toujours le même casaquin de satin jaune qui restait toujours neuf et formait son unique costume ; pendant l'été, elle portait invariablement un seul et même chapeau de paille et, je crois, aussi une seule et même robe, couleur gris-bleu. Elle ne sortait que pour aller voir une vieille amie qui demeurait vis-à-vis d'elle, et, dans les dernières années de sa vie, elle avait même dû renoncer à cette visite, parce que son amie était morte. La vieille fille, mon amie, était, dans sa solitude, toujours occupée près de la fenêtre, où, pendant tout l'été, elle cultivait de belles fleurs, tandis qu'en hiver elle y avait du cresson magnifique, qu'elle avait semé dans un vieux feutre. Le mois dernier, je ne l'ai plus vue à sa fenêtre ; cependant, je savais qu'elle vivait encore, car je ne l'avais pas encore vue entreprendre le grand voyage dont elle s'entretenait si souvent avec son amie. « Quand je mourrai, lui disait-elle « souvent, j'aurai à faire un voyage plus « long que je n'en ai jamais fait de ma vie : « le caveau de notre famille est à douze « lieues d'ici ; c'est là que l'on me portera ; « c'est là que je dormirai avec le reste de

« ma parenté. » Hier au soir, une voiture
s'était arrêtée devant sa maison; on en
sortit une bière; je vis que mon amie
était morte. On enveloppa le cercueil de
paille, et la voiture partit. La vieille fille
si tranquille, qui, pendant toute la dernière
année, n'avait pas quitté sa maison, y
dormait. Mais la voiture passa rapidement par la porte de la ville, comme s'il
s'agissait d'une simple promenade; arrivée
sur la grande route, elle roula de plus en
plus vite. De temps à autre le cocher je-
tait un regard furtif derrière lui ; il crai-
gnait, je crois, de voir la vieille fille au
casaquin jaune, assise sur son cercueil.
C'est pourquoi il fouettait les chevaux
comme un fou, tout en tenant les brides
si serrées, que les chevaux mordaient
leur frein en écumant. Ces chevaux étaient
jeunes et pleins de feu; un lièvre passa
devant eux, ils prirent le mors aux dents.
La vieille fille si tranquille, qui, une année

comme l'autre, avait mené, dans sa maison, la même vie lente et monotone, faisait maintenant, après sa mort, une course folle sur la grande route. La bière, enveloppée de sa couverture de paille, tomba de la voiture et resta sur la route, tandis que chevaux, cocher et voiture, continuaient leur course désordonnée. Une alouette s'éleva de terre en chantant, se posa sur le cercueil où elle entonna son hymne du matin, tout en donnant des coups de bec dans la couverture de paille, comme pour la déchirer. L'alouette, en gazouillant, reprit son essor, pendant que je me retirais derrière les nuages, rougis par l'aurore. »

ONZIÈME SOIRÉE.

« On célébrait une noce, me dit la Lune.
On chantait, on buvait à la santé des nouveaux mariés ; la fête était somptueuse et
magnifique. Minuit venait de sonner ; les
invités se retirèrent, les mères de famille
embrassèrent les jeunes époux. Moi seule
je les suivis dans la chambre nuptiale ; les

rideaux des fenêtres étaient presque entièrement fermés, une lampe unique éclairait
la chambre paisible. « Dieu merci, les voilà
« partis ! » dit le jeune époux, en embras-
sant les mains et les lèvres de sa femme ;
elle souriait et pleurait à la fois, et, trem-
blant comme la fleur du nénufar sur
des eaux courantes, elle reposait sa tête
sur le sein de son époux. C'étaient des paroles pleines d'une douce extase, qu'ils
échangeaient. « Que ton repos soit doux ! »
dit le mari, •pendant que la jeune femme
écartait les rideaux. « Quel magnifique
« clair de lune ! dit-elle ; combien sa lumière
« est douce ! combien elle est brillante ! » A
ces mots, elle éteignit la lampe ; tout était
nuit dans la chambre nuptiale, et cependant ma lumière brillait du même éclat
que les yeux de l'époux. »

Chaste pudeur, inspire le poëte, lorsqu'il chante les mystères de la vie !

DOUZIÈME SOIRÉE.

« Je vais te donner un tableau de Pompéies, dit la Lune. J'étais au faubourg, dans la rue aux Tombeaux, comme on l'appelle, où se trouvent les beaux monuments, où, jadis les jeunes gens, couronnés de roses, poussaient des cris d'allégresse et dansaient avec les ravissantes sœurs de Laïs. Maintenant il y règne le silence de la mort : j'y vis des mercenaires allemands, à la solde des Napolitains, qui y tenaient garde, en jouant aux cartes et aux dés. Une société d'étrangers venus d'au delà des monts entra dans la ville avec une escorte de gardes. On voulut voir la ville ressuscitée pendant que je l'éclairais de toute ma lumière, et je leur montrai les traces des roues dans les rues pavées avec de larges blocs de lave ; je leur fis voir les noms écrits au-dessus des portes, et les enseignes qui y étaient encore suspendues. Dans les petites cours des maisons, les étrangers regardaient les bassins des fontaines, ornés de coquillages ; mais les jets d'eau ne montaient pas vers le ciel, les chants ne retentissaient plus dans les appartements richement peints dont le chien d'airain garde la porte. C'était la ville des morts ; le Vésuve seul continuait à faire entendre son hymne éternel, dont chaque strophe s'appelle une éruption nouvelle dans la langue des hommes. Nous allâmes voir le temple de Vénus, construit d'un marbre aussi blanc que la neige, où le grand autel se trouve placé devant l'escalier aux larges marches, où de jeunes saules pleureurs s'élèvent entre les colonnes. Le ciel était d'un bleu transparent; le fond du tableau était formé par la masse noire du Vésuve, d'où sortait une colonne de feu droite comme le tronc d'un pin d'Italie; le sommet était représenté par un nuage de fumée, qui, éclairé par une lumière rouge comme du sang, planait dans l'air tranquille de la nuit. Parmi les étrangers se trouvait une cantatrice, véritable et grande artiste; j'ai été moi-même témoin de ses triomphes dans les plus grandes capitales de l'Europe. Après que les étrangers furent entrés au théâtre, ils s'assirent tous sur les gradins de pierre de l'amphithéâtre, dont une pe-

tite partie fut remplie, comme bien des
siècles auparavant. La scène était telle
qu'autrefois; on y voyait encore les murs,
servant de coulisses, et les deux arceaux
à travers lesquels on apercevait, comme
autrefois, les montagnes depuis Amalfi
jusqu'à Sorrento, magnifiques décors,
fournis par la nature même. La cantatrice
monta, en plaisantant, sur la scène antique; elle chanta, le lieu l'inspira. Je pensais au cheval sauvage de l'Arabie, lorsque, haletant, il hérisse la crinière et part :
c'était la même légèreté, la même assu-
rance. Je pensais aussi à la mère accablée
de douleur, sous la croix du Golgotha :
c'était la même douleur profondément
sentie. Comme dans les siècles depuis
longtemps passés, le théâtre retentit d'applaudissements et de cris de joie : « Heu-
« reuse femme, privilégiée du ciel! » criè-
rent les auditeurs dans leur enthousiasme.
Cinq minutes après, la scène était vide, la

société avait disparu ; les ruines seules étaient immobiles, comme elles le seront encore après des siècles ; personne ne se souviendra alors de ces applaudissements d'un moment, ni de la belle cantatrice, ni de son chant, ni de son sourire ; tout sera passé et effacé ; pour moi-même, cette heure sera alors un moment oubliée. »

TREIZIÈME SOIRÉE.

« Je regardais par les fenêtres d'un rédacteur de journal d'une ville d'Alle-
magne, me dit la Lune; j'y voyais de
beaux meubles, beaucoup de livres et un
véritable chaos de journaux. Il y avait là
plusieurs jeunes gens; le rédacteur lui-
même était à son bureau, il avait à rendre

compte de deux petits livres, qui tous les
deux avaient été publiés par deux jeunes
auteurs.

« On m'a envoyé ce livre, dit le rédac-
« teur; je ne l'ai pas encore lu, mais l'édi-
« teur l'a bien soigné; que pensez-vous de
« son contenu?

« — Ah ! dit un des jeunes gens qui
« était poëte lui-même, c'est beau, un peu
« délayé, à la vérité; mais, bon Dieu!
« l'auteur est jeune encore; cependant les
« vers pourraient être mieux tournés. Les
« idées sont saines, quoiqu'à la vérité il
« y ait beaucoup de lieux communs. Mais
« que voulez-vous? On ne peut pas tou-
« jours inventer du neuf. Vous pourrez
« toujours le louer. Je ne crois pas que
« l'auteur se distinguera jamais. Cepen-
« dant il a beaucoup lu, c'est un excel-
« lent orientaliste, il a le jugement sain.
« C'est lui qui a fait cette jolie analyse
« de mes *Fantaisies sur la vie domes-*

« *tique;* il faut être indulgent avec ce
« jeune homme !

« — Mais c'est un véritable âne, dit un
« autre de ces messieurs ; rien, en poésie,
« n'est plus terrible que la médiocrité et
« lui ne l'a nullement dépassée !

« — Le pauvre diable ! dit un troi-
« sième, sa tante en est si fière ! c'est elle,
« monsieur le rédacteur, qui a recueilli
« tant de souscriptions pour notre der-
« nière traduction.

« — La bonne dame ! oui, j'ai rendu
« compte de ce livre en peu de mots : on
« ne peut pas méconnaître son talent ! Le
« livre est bienvenu ! Une fleur dans le
« jardin de la poésie ; l'édition est bien
« soignée, etc. Mais cet autre livre....
« son auteur veut probablement que je
« l'achète ! On me dit qu'on en fait l'éloge.
« Il a certainement du génie ! Ne le croyez-
« vous aussi ?

« — Oui, tout le monde le dit, répon-

« dit le poëte, mais c'est un peu sau-
« vage. La ponctuation surtout est l'in-
« spiration d'un génie !

« — Il sera bon pour lui d'être un
« peu ennuyé et déchiré, autrement il
« aura une trop haute opinion de lui-
« même !

« — Mais ce serait injuste, dit un qua-
« trième ; ne critiquons pas ses petits
« défauts, réjouissons-nous plutôt du
« grand nombre de bonnes choses qu'il y
« a dans son livre ; il l'emporte bien sur
« tous les autres écrivains !

« — Non pas ! si c'est véritablement
« un homme de génie, il supportera très-
« bien une critique mordante. Il y a déjà
« bien assez de gens qui l'élèvent aux
« nues ; n'achevons pas de le rendre
« fou ! »

« Le rédacteur se mit à écrire ce qui
suit : « Talent qu'on ne peut pas mécon-
« naître ; des négligences comme à l'ordi-

« naire; l'auteur sait faire de pauvres vers,
« comme on le voit page 25, où il y a deux
« hiatus. On lui recommande d'étudier les
« Anciens, etc. »

« Je m'éloignai, dit la Lune, pour regarder par les fenêtres de la maison où
demeure la tante de l'autre poëte; il était
là, le poëte en vogue, le poëte honnête et
modéré; tous les invités lui rendaient
leurs hommages : il était heureux. J'allai
voir l'autre poëte à son tour, le poëte sauvage. Il était aussi en grande société chez
son Mécène qui le protégeait; on causait
du livre du poëte modéré. « Je vais lire
« votre livre aussi, dit le Mécène; mais,
« pour vous dire la vérité, vous savez que
« jamais je ne cache mon opinion, je n'en
« attends pas grand'chose; vous êtes beau-
« coup trop sauvage, beaucoup trop fan-
« tastique. Cependant, il faut vous rendre
« cette justice, vous êtes un très-digne
« homme ! »

« Une jeune fille, assise dans un coin,
lisait dans un livre les lignes suivantes :

A bas le talent et sa gloire!
Le commun seul doit avoir cours;
Elle est bien vieille, cette histoire :
Mais elle se voit tous les jours! »

QUATORZIÈME SOIRÉE.

La Lune me raconta ce qui suit : « Près du chemin, dans la forêt, il y a deux petites chaumières dont les portes sont basses et où les fenêtres se trouvent, soit tout près du toit, soit tout près du sol; tout à l'entour poussent des aubépines blanches et des vinetiers. Le toit est couvert de mousse, de fleurs jaunes et de joubarbes. Des choux et des pommes de terre sont les seules productions du jardin, mais la haie est ornée d'un syringa en fleurs ; au-dessous de cet arbre était assise une petite fille qui tenait ses yeux bruns fixés sur un vieux chêne, placé entre les deux chaumières. Il ne restait de cet arbre qu'un vieux tronc presque mort, dont on avait coupé le sommet ; une cigogne y avait bâti son nid, elle s'y tenait debout en craquetant. Un petit garçon accourut et se mit à côté de la petite fille, sa sœur.

« Qu'est-ce que tu regardes ? lui de-
« manda-t-il.

« — Je regarde la cigogne, répondit-
« elle. Notre voisine m'a dit que la cigo-
« gne va nous apporter aujourd'hui ou
« un petit frère ou une petite sœur ; fais
« attention maintenant pour voir quand
« elle arrivera.

« — La cigogne n'apportera rien ; rap-

« porte-t'en à moi; la voisine me l'a dit
« aussi; mais elle riait en me parlant; c'est
« pourquoi je lui ai demandé si elle pour-
« rait l'assurer, en disant : par Dieu! Mais
« elle n'a jamais osé le dire, et j'ai bien
« vu par là que cette histoire des cigognes
« n'est pas vraie et que ce n'est qu'aux
« petits enfants qu'on en fait accroire
« comme ça.

« — Mais d'où viendraient donc les pe-
« tits enfants ? demanda la petite fille.

« — Le bon Dieu nous les apporte sous
« son manteau, et, puisque personne ne
« peut voir le bon Dieu, nous ne nous en
« apercevons pas, quand il nous en ap-
« porte. »

« Dans ce moment même, un bruit se
fit entendre dans les branches du syringa;
les enfants joignirent les mains et se re-
gardèrent; c'était assurément le bon Dieu
qui apportait un petit enfant. La petite
fille saisit son frère par la main, la porte

de la maison s'ouvrit et la voisine parut sur le seuil. « Entrez maintenant ! dit-elle, « voyez ce que la cigogne vous a apporté ; « c'est un petit frère. » Les enfants se firent un signe d'intelligence, car ils savaient déjà pour sûr que le petit frère était arrivé. »

QUINZIÈME SOIRÉE.

« Je viens de traverser les landes de Lu-
nebourg, dit la Lune ; près de la route, il
y avait une chaumière solitaire, quelques
pauvres buissons l'entouraient ; un rossignol, qui s'y était égaré, faisait entendre son
chant mélodieux. Il allait périr par la froi-
dure de la nuit, c'était son chant d'adieux

que j'écoutais. L'aurore commençait à briller. Je vis une caravane de paysans émigrants qui partaient pour Hambourg, où ils devaient s'embarquer pour trouver en Amérique le bonheur qu'ils rêvaient. Les mères portaient leurs petits enfants sur leur dos, les enfants un peu plus grands marchaient à petits pas à côté d'elles; un misérable cheval traînait une charrette, chargée de quelques pauvres hardes. Un vent froid sifflait sur la lande; une petite fille se collait plus étroitement contre sa mère qui, en levant les yeux vers mon disque déjà sur son déclin, pensait aux souffrances amères qu'elle avait éprouvées dans sa patrie et aux lourds impôts qu'elle n'avait pu payer. Les émigrants étaient tous tourmentés par les mêmes souvenirs. C'est pourquoi l'aurore naissante leur semblait être la messagère d'un avenir meilleur qui, comme un soleil brillant, se lèverait pour eux; ils écoutèrent le chant du rossi-

gnol mourant qui n'était pas un faux pro-
phète, mais le messager du bonheur qui
les attendait. Le vent continuait à siffler
dans la bruyère ; c'est pourquoi les émigrants ne comprirent pas ce que disait le
rossignol dans son chant : « Allez, prenez
« courage ! leur disait-il, passez les mers !
« Vous avez donné tout ce que vous pos-
« sédiez pour payer votre passage : pau-
« vres et abandonnés, vous entrerez dans
« la terre promise. Vous vous vendrez,
« vous-mêmes, vos femmes et vos enfants.
« Mais vos souffrances ne seront pas de
« longue durée. Cachée derrière ces arbres
« aux feuilles larges et touffues, la Mort
« vous attend ; son baiser de bienvenue em-
« poisonnera votre sang du souffle des
« fièvres mortelles. Allez, allez franchir
« les vagues frémissantes ! »

« Les émigrants écoutèrent avec joie le
chant du rossignol, car il semblait être de
bon augure. Le soleil perça les nuages

éclairés par les feux du jour naissant ; des paysans traversaient la lande pour aller à l'église ; ces femmes avec leurs robes noires et leurs coiffes blanches ressemblaient à des fantômes qui seraient sortis d'anciens tableaux d'église. Tout à l'entour on ne voyait que la plaine vaste et déserte, où les yeux n'apercevaient que la bruyère sombre et fanée, ou des terrains brûlés et noirs, entourés de blanches collines de sable. Les femmes qui allaient à l'église portaient leur livre de cantiques sous le bras. Oh ! priez ! priez pour ceux qui voyagent vers la tombe au delà des mers ! »

SEIZIÈME SOIREE.

« Je connais un Polichinelle, dit la Lune ; le public pousse des cris de joie dès qu'il l'aperçoit ; chacun de ses mouvements comiques fait éclater de rire toute la salle, et, cependant, rien de ce qu'il fait n'est calculé d'avance ; c'est sa nature elle-même qui se montre ainsi. Lorsque, dans son

4

enfance, il jouait avec d'autres enfants, il
était déjà leur polichinelle ; la nature l'a-
vait destiné à faire ce métier ; elle l'avait
orné d'une bosse au dos et d'une autre à
la poitrine, tandis que son âme, l'élément
spirituel en lui, était richement douée.
Personne n'avait un cœur plus profond,
une élasticité d'âme plus grande que lui.
Le théâtre était son monde idéal. S'il eût
eu un corps svelte et bien fait, il serait
devenu le premier tragédien du meilleur
théâtre ; son âme ne vivait que pour ce qui
était grand et héroïque, et cependant il
lui fallut devenir Polichinelle. Même la
douleur et la mélancolie qui se voyaient
dans les traits fortement accentués de sa
figure, en augmentaient l'expression comique et sollicitaient les rires du public
nombreux qui applaudissait toujours son
favori. La gracieuse Colombine était, à la
vérité, très-aimable et très-bonne pour lui,
mais elle aima mieux épouser Arlequin que

Polichinelle; c'eût été d'un effet trop drôle, si, en réalité, la beauté eût voulu s'unir avec la laideur.

« Quand Polichinelle était bien triste, Colombine seule savait lui arracher un sourire, même des éclats de rire; d'abord, elle entrait dans sa mélancolie, puis elle le rendait plus calme jusqu'à ce qu'enfin elle réussît à lui donner de la gaieté : « Je sais « très-bien ce que vous avez, lui disait-elle ; « oui, c'est l'amour qui vous tourmente. » Alors Polichinelle se mettait à rire: « L'a- « mour et moi ensemble, disait-il, ça ferait « une drôle d'association ! Combien le public « y applaudirait ! — Certainement que c'est « l'amour qui vous tourmente, » continuait-elle, en ajoutant avec un accent de passion comique : « C'est moi que vous aimez. » On peut bien dire ces choses-là quand on sait qu'en réalité il n'en saurait être question. Polichinelle riait, faisait un bond en l'air et oubliait toute mélancolie. Et cependant

Colombine n'avait dit que la vérité; Polichinelle l'aimait, il l'aimait ardemment, comme il aimait le côté sublime et grand de son art. Le jour où Colombine s'était mariée, Polichinelle avait été le plus gai des convives, mais le soir il avait pleuré; le public, eût-il pu voir cette figure contractée par la douleur, aurait applaudi. Ces jours-ci Colombine est morte; le jour où elle fut enterrée, on n'avait pas demandé à Arlequin qu'il se montrât sur les planches, car enfin, lui, était le veuf inconsolable. Cependant, il fallait que le directeur fît jouer une pièce très-gaie, pour que le public ne s'aperçût pas trop de l'absence de la gracieuse Colombine et de l'agile Arlequin; il fallait donc que Polichinelle redoublât de pétulance; il dansait et sautait, le désespoir au cœur; le public applaudissait et criait avec extase : « Bravo ! bravis- « simo ! » On appela Polichinelle ! Oh ! il fut incomparable.

« Hier au soir, le petit monstre sortit tout seul de la ville pour se rendre au cimetière solitaire. La couronne de fleurs suspendue sur le tombeau de Colombine était déjà fanée ; Polichinelle s'assit sur la tombe ; c'était un vrai tableau : il avait la tête appuyée sur les mains et tenait les yeux fixés sur moi. Ce Polichinelle sur cette tombe avait l'air d'un monument funèbre, singulier et comique à la fois. Le public, eût-il pu voir son favori, n'aurait certes pas manqué de crier avec enthousiasme : « Bravo, Pulcinello, bravo, bravissimo ! »

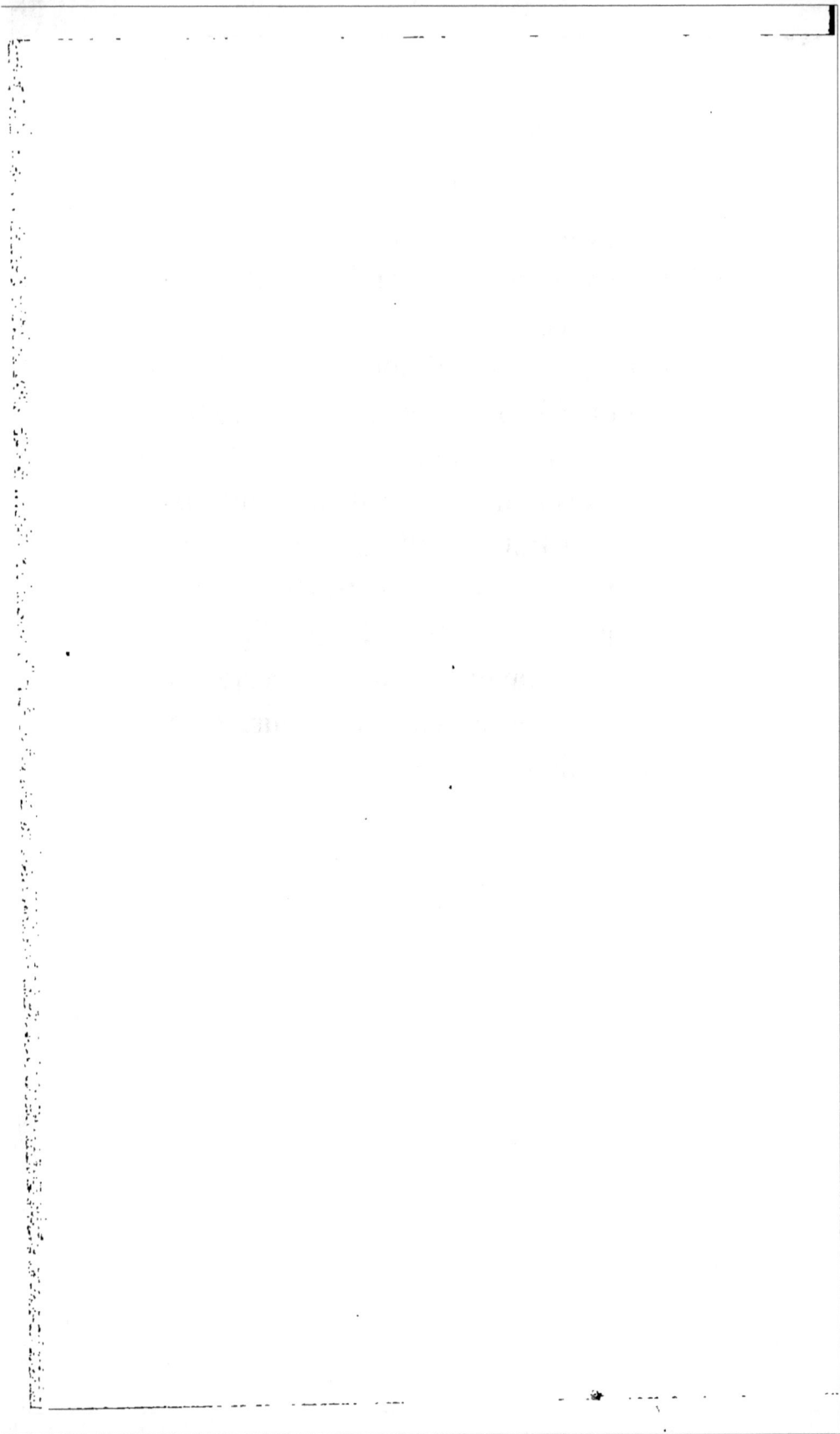

DIX-SEPTIÈME SOIRÉE.

Écoutez ce que la Lune m'a raconté .
« J'ai vu de jeunes sous-officiers devenir
officiers et revêtir pour la première fois
leur brillant uniforme ; j'ai vu de jeunes
filles dans leur parure de mariée ; j'ai vu
la jeune fiancée d'un prince, heureuse de
ses brillants atours ; mais jamais je n'ai vu

un bonheur pareil à celui d'une petite fille
de quatre ans que j'ai observée ce soir. On
lui avait donné une robe bleue toute neuve
avec un chapeau neuf, couleur rose; on
venait d'habiller la petite de toutes ces
choses magnifiques et on demandait à
grands cris de la lumière, car mes rayons
n'étaient pas assez brillants, il fallait un
tout autre flambeau. La voilà, cette petite
fille, roide comme une poupée, relevant
soigneusement les bras pour ne pas toucher à sa robe et écartant ses doigts les
uns des autres. Quel bonheur rayonnait
dans ses yeux, dans toute sa figure ! « De-
« main tu vas sortir avec cette robe, » disait
la mère, pendant que la petite, avec un
sourire de bonheur, regardait tantôt son
chapeau, tantôt sa robe.

« Maman, s'écria-t-elle enfin, qu'est-ce
« que les petits chiens vont donc dire,
« quand ils vont me voir avec ces belles
« choses ? »

DIX-HUITIÈME SOIRÉE.

« Je t'ai parlé de Pompéies, disait la
Lune, de cette ville morte, placée au milieu
de villes vivantes et animées ; je connais
une autre ville bien plus étrange encore ;
ce n'est pas une ville morte, elle a passé à
l'état de fantôme. Chaque fois que j'y en-
tends l'eau des fontaines retomber avec un

doux murmure dans des bassins de marbre, je crois entendre raconter une des
traditions de cette ville qui flotte sur les
eaux. Oh, oui ! les jets d'eau des fontaines
ont raison de raconter son histoire, les
vagues qui viennent mourir sur la grève
sont bienvenues à la chanter ! Souvent la
mer est couverte d'un voile de brouillard ;
c'est son voile de veuve, car le fiancé de
la mer n'est plus, son château et sa ville
sont devenus son tombeau ! Connais-tu
cette ville ? Jamais elle n'a entendu retentir
dans ses rues le roulement des voitures ou
le piétinement des chevaux ; les poissons
seuls y nagent, et la gondole noire glisse
silencieusement sur l'eau verdâtre. Je vais
te montrer, continua la Lune, le forum de
la ville, sa plus grande place publique, et
tu te croiras transporté dans une ville en-
chantée. L'herbe y pousse entre les larges
dalles, et, à l'aube du jour, des milliers de
pigeons viennent voltiger autour du cam-

panile élevé et séparé des autres édifices.
Des arcades entourent les trois côtés de la
place; sous leur ombre tu vois le Turc
indolent fumer dans sa longue pipe; un
bel enfant grec s'appuie contre une des
colonnes et contemple les trois mâts, tro-
phées élevés en souvenir de la puissance
évanouie. Leurs banderoles se déroulent
lentement comme des crêpes de deuil.
Une jeune fille s'y repose, en s'appuyant
contre le pied d'un des mâts; elle a placé
à côté d'elle les lourds seaux, remplis
d'eau, tandis que le joug, auquel elle avait
suspendu son faix, reste encore sur ses
épaules. L'édifice que tu vois devant toi
n'est pas un château de fées, c'est une
église; mes rayons font briller ces dômes
dorés, ces coupoles étincelantes que tu
vois de toutes parts. Ces magnifiques chevaux d'airain, au-dessus du portail de l'é-
glise, ont fait de longs voyages, comme le
cheval d'airain de la fable; d'abord ils sont

venus ici, ensuite ils sont partis, et enfin
ils sont revenus. Vois-tu ce palais aux murs
bariolés et aux fenêtres magnifiques? On
dirait que le génie, en ornant ce palais de
ces splendeurs, a cédé aux caprices d'un
enfant. Vois-tu au haut de cette colonne le
lion ailé? L'or qui le recouvrait brille encore, mais ses ailes sont liées; le lion est
mort, car le roi des mers est mort; les
grandes salles de son palais sont désertes,
et, là où l'on voyait briller autrefois les
tableaux les plus magnifiques, on voit
percer la muraille nue. Les lazzaroni dorment maintenant sous ces arcades, dont le
marbre ne pouvait être touché que par les
pieds des patriciens les plus nobles. Mais
encore maintenant on entend des gémisse-
ments sortir du puits profond, ou peut-être
des prisons à côté du pont des Soupirs,
tout comme jadis, lorsque le son du tam-
bourin retentissait dans les gondoles dorées, lorsque l'anneau des fiançailles tom-

bait du haut du somptueux Bucentaure dans ton sein, ô Adria, reine des mers. Couvre-toi de brouillards! que le voile de la veuve cache ton sein; couvre de ce voile le mausolée de ton fiancé, cette ville de marbre, cette ville-fantôme qui s'appelle Venise! »

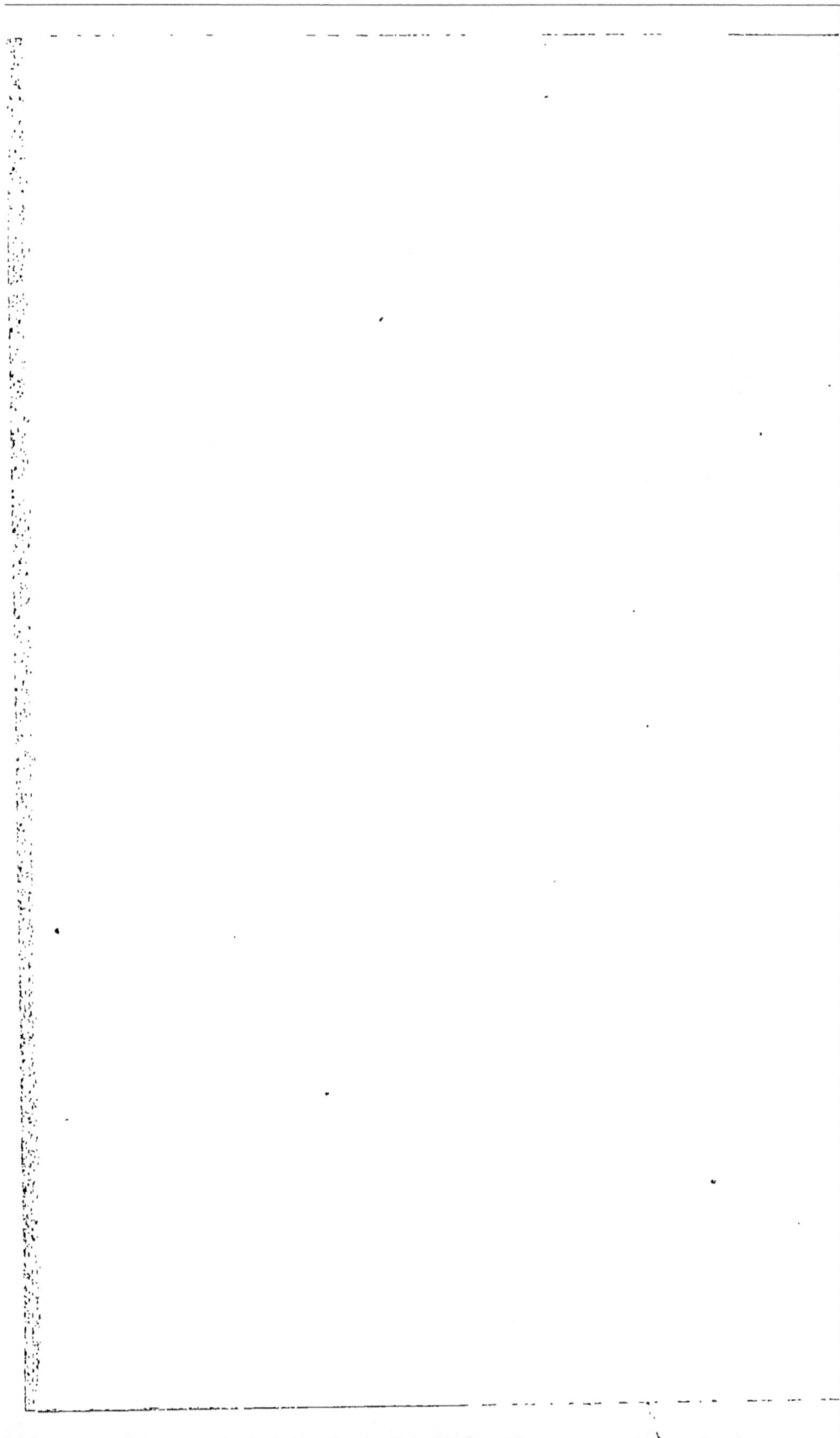

DIX-NEUVIÈME SOIRÉE.

« J'ai vu un grand théâtre, disait la Lune. La salle était comble, car un nouvel acteur débutait ; mes rayons glissaient le long d'une petite fenêtre où je voyais un visage fardé qui se collait contre les carreaux : c'était le héros de la pièce qu'on jouait en ce moment. Une barbe de chevalier lui cou-

vrait le menton, mais les yeux du héros
étaient mouillés de larmes; il venait d'être
sifflé, et ce n'était pas à tort. Le pauvre
sire! Mais on n'a que faire de ces bousil-
leurs dans le domaine des arts. Notre
pauvre homme avait une grande profondeur d'âme, il aimait son art avec enthousiasme, mais il n'y trouvait pas le prix de
ses peines. Il entendit retentir la sonnette
de l'avertisseur. Dans son rôle il y avait :
« Le héros entre en scène d'un air hardi
« et courageux, » et il lui fallut reparaître
devant un public dont il était la risée....

« Lorsque la pièce fut finie, je vis un
homme, enveloppé dans un manteau, descendre l'escalier à pas furtifs; c'était lui,
le chevalier sifflé de ce soir; les machi-
nistes chuchotaient à son passage. Je suivis
le pauvre malheureux jusque chez lui,
jusque dans sa mansarde. Se pendre, c'est
une vilaine mort; quant au poison, on n'en
a pas toujours sous la main, je le sais;

notre acteur pensait à ces deux manières d'en finir avec sa misère. Je le voyais se regarder dans la glace; les yeux à demi fermés, il contemplait sa pâle figure pour voir s'il ferait bon effet lorsqu'il serait mort. L'homme peut être très-malheureux et prendre, néanmoins, des manières fort affectées. Notre acteur songeait à la mort, au suicide; il se pleurait, je crois, lui-même.... il versait de chaudes larmes; lorsqu'on a noyé sa douleur dans les larmes, on ne songe plus à se tuer.

« Toute une année s'est écoulée depuis. Je voyais encore représenter une comédie; mais, cette fois-ci, c'était une misérable troupe ambulante qui jouait sur un petit théâtre; je reconnus, parmi les acteurs, cette figure que je connaissais déjà, avec ses joues fardées et sa barbe frisée.

« Il levait encore ses regards vers moi, en souriant.... néanmoins, on venait de le siffler, à l'instant même, sur un théâtre pi-

toyable et devant un misérable public. Ce
soir, un pauvre corbillard sortit de la ville,
personne ne l'accompagnait ; c'était le corps
d'un homme qui s'était suicidé, celui de
notre héros fardé et sifflé ; le conducteur
du corbillard formait, à lui seul, le cor-
tége ; personne ne suivait le convoi, personne, si ce n'est moi, la Lune. Dans le
coin, près du mur du cimetière, on a enterré l'homme qui avait attenté à ses jours ;
les orties couvriront bientôt sa tombe, le
fossoyeur y jettera les ronces et les mauvai-
ses herbes arrachées des autres tombes. »

VINGTIÈME SOIRÉE.

« Je viens de Rome, disait la Lune; au milieu de la ville, sur une de ses sept collines, on voit encore les ruines du château des empereurs; des figuiers sauvages poussent dans les crevasses des murs et en couvrent la nudité de leurs larges feuilles d'un vert grisâtre; foulant aux pieds des lau-

riers verts qui poussent entre les décombres, des ânes broutent avec volupté des
chardons stériles. C'est de ce point, d'où
autrefois les aigles de Rome prenaient leur
essor pour venir, voir et vaincre, que le
voyageur entre dans le château par une
pauvre et petite masure, plaquée avec du
limon entre deux colonnes de marbre; des
pampres entourent l'unique fenêtre, aux
linteaux disjoints, comme une guirlande
funèbre. Une vieille femme habite cette
masure avec sa petite-fille; elles règnent
maintenant dans le château des empereurs
et en montrent aux étrangers les splendeurs déchues. Un mur nu reste seul debout de la superbe salle du trône, un
sombre cyprès projette son ombre gigantesque sur l'endroit où se trouvait jadis le
trône. Le plancher brisé est couvert de
décombres à la hauteur de plusieurs pieds.
La petite fille qui maintenant est la princesse du château des empereurs s'y assoit

souvent sur son escabeau, quand, le soir, on entend sonner les cloches. Le trou de la serrure dans la porte tout à côté, la jeune fille l'appelle la fenêtre de son boudoir ; elle lui permet d'embrasser, d'un seul coup d'œil, la moitié de Rome jusqu'au dôme majestueux de Saint-Pierre. Comme autrefois, le calme régnait ce soir dans ces lieux ; au bas du château, arriva la jeune fille, tout inondée de ma lumière. Sur la tête, elle portait un vase de terre de forme antique et rempli d'eau. Elle avait les pieds nus, sa courte jupe et les manches de sa chemise étroite étaient en lambeaux ; je baisais les épaules fines et rondes de cette belle enfant, ses yeux noirs et ses cheveux d'un noir brillant. Elle monta l'escalier roide, formé de blocs de marbre et d'un chapiteau brisé. Des lézards à la peau bigarrée se glissaient tout effarouchés à côté de ses pieds, sans effrayer la jeune fille ; elle leva la main pour tirer le cordon de la sonnette; une patte de lièvre, attachée à une ficelle, formait le cordon de la sonnette du château des empereurs. La jeune fille s'arrêta pendant un moment; à quoi pouvait-elle songer? Peut-être au bel enfant Jésus, revêtu d'or et d'argent, couché là-bas dans la chapelle où brillaient les flambeaux d'argent, où ses petites amies entonnaient le chant d'église qu'elle connaissait aussi? Je ne saurais le dire. La petite fille fit un autre mouvement, elle trébucha, le vase de terre tomba de sa tête et se brisa sur les dalles de marbre. Elle fondit en larmes, la belle enfant du château des empereurs pleura sa misérable cruche cassée; pieds nus, elle se tenait là en pleurant, elle n'osait pas tirer la ficelle, le cordon de sonnette du château des empereurs. »

VINGT ET UNIÈME SOIRÉE.

Pendant plus de quinze jours la Lune n'avait pas paru ; la voilà qui me montrait son disque rond et brillant au-dessus des nuages qui passaient lentement au ciel. Écoutez ce que la Lune m'a raconté ce soir-là :

« J'ai suivi une caravane qui venait de quitter une ville dans le Fezzan. Avant

de s'engager dans le désert de sable, on
fit halte dans une de ces plaines couvertes
de sel, dont la surface brille comme un
champ de glace, et qui n'est couverte qu'en
partie d'un sable mouvant et léger. Le plus
âgé de la troupe (la gourde à eau était suspendue à sa ceinture; un petit sac, rempli
de pain sans levain, reposait sur sa tête)
traçait de son bâton un carré sur le sable
et y inscrivait quelques versets du Coran:
toute la caravane passa sur cet endroit, devenu sacré par ces saintes paroles. Un jeune
marchand, enfant des contrées que brûle
le soleil (je le voyais à ses yeux et à ses
formes gracieuses) passait, absorbé dans
ses pensées, sur son cheval blanc et fou-
gueux. Il songeait peut-être à sa belle jeune
femme? Il n'y avait que deux jours que,
montée sur un chameau orné de fourrures
et de châles précieux, la brillante fiancée
avait fait le tour des murs de la ville; alors
les tambours et les chalumeaux se faisaient

entendre; les jeunes gens entouraient le
chameau, en tirant des coups de fusil pour
exprimer leur joie; le fiancé se faisait re-
marquer entre tous, et dans ce moment....
il traversait le désert avec sa caravane. J'ai
suivi les voyageurs pendant bien des nuits,
je les ai vus reposer près des fontaines, au
milieu de palmiers rabougris; ils enfon-
çaient leurs couteaux dans le corps des
chameaux qui étaient tombés et ils en
grillaient la chair au feu. Mes rayons ra-
fraîchissaient le sable brûlant, ils montraient aux voyageurs les blocs de rochers
noirs, ces îles arides dans l'immense océan
de sable; aucune tribu hostile ne s'oppo-
sait au passage des voyageurs dans ces
chemins non frayés, aucune tempête ne s'é-
levait, aucune colonne de sable ne passait
au-dessus de la caravane pour jeter la mort
dans ses rangs. La belle jeune femme priait
chez elle pour son mari et pour son père.
« Sont-ils morts? » me demandait-elle, en

5

s'adressant à mon croissant doré ; « sont-
« ils morts ? » me demandait-elle, en s'a-
dressant à mon disque plein et brillant.

« Les voyageurs ont franchi le désert ; ce
soir, ils sont assis sous les hauts palmiers,
la grue voltige sur leurs têtes, en agitant
ses énormes ailes ; le pélican les regarde
du haut des mimoses. Les éléphants broient
sous leurs lourds pieds les arbustes et
toute cette luxuriante végétation. Une
troupe de nègres revient du marché de
l'intérieur du pays ; leurs femmes, parées
de boutons de cuivre qui brillent dans
leurs cheveux noirs, et de jupes bleues,
poussent les bœufs pesamment chargés,
sur le dos desquels dorment leurs enfants
noirs tout nus. Un nègre conduit en laisse
un jeune lion qu'il vient d'acheter. Cette
troupe s'approche de la caravane ; le jeune
marchand reste immobile et silencieux ; il
pense à sa belle jeune femme ; dans le pays
des noirs, il rêve à sa blanche fleur parfu-

mée d'au delà du désert; il lève la tête....»
A ce moment un nuage passa devant la
Lune, puis un autre. Je n'appris plus rien
ce soir-là.

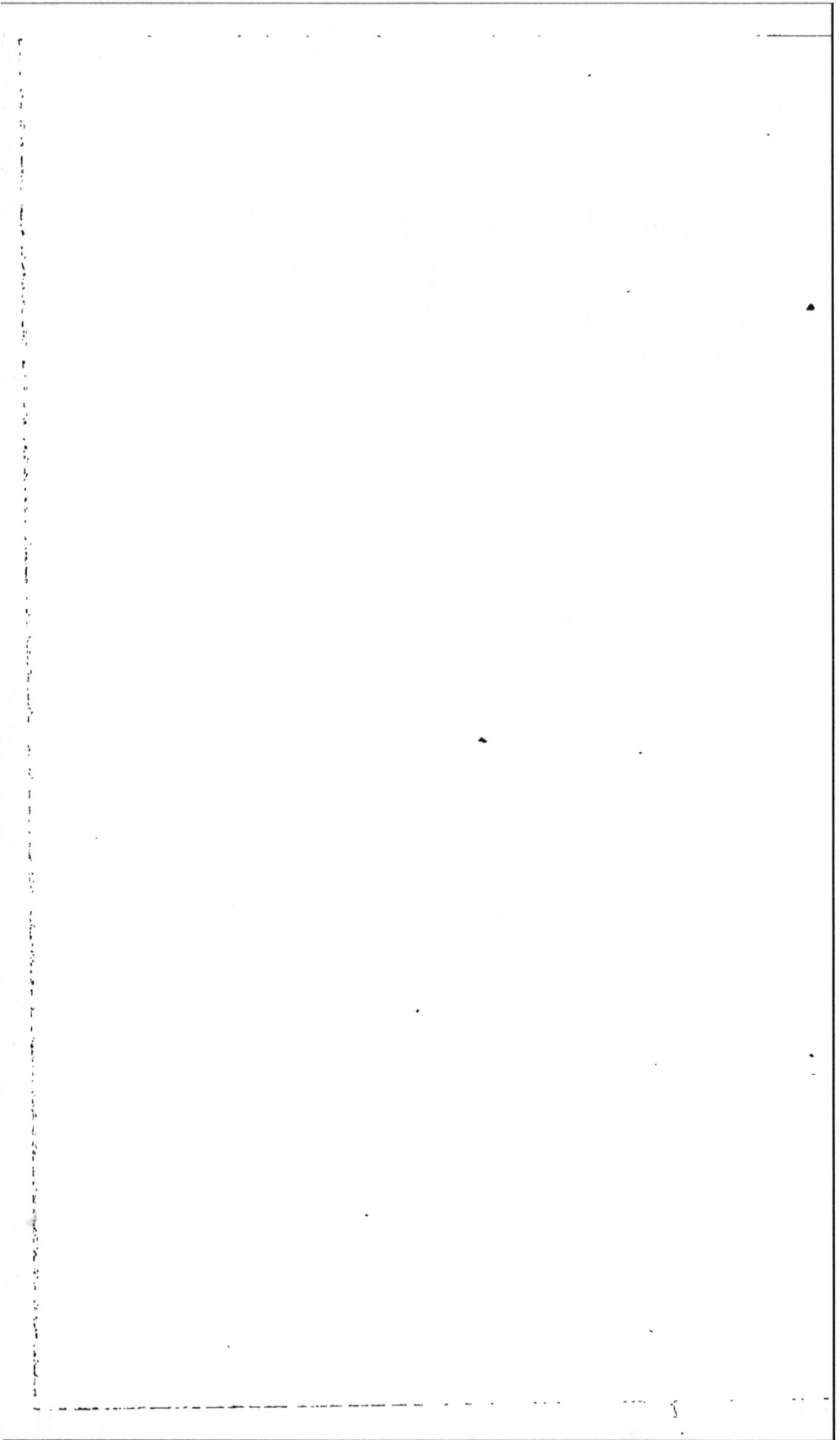

VINGT-DEUXIÈME SOIRÉE.

« J'ai vu pleurer une petite fille, disait la Lune; elle pleurait de la méchanceté du monde. On lui avait fait cadeau de la plus ravissante poupée. Ah! quelle poupée c'était, si belle et si délicate! Elle n'était pas faite pour les misères de cette vie. Mais les frères de la petite fille, en grands ga-

mins méchants qu'ils étaient, avaient mis
la poupée tout à fait en haut, sur un grand
arbre du jardin, et s'étaient sauvés ensuite.

« La petite fille ne pouvait pas atteindre
sa poupée, elle ne pouvait pas l'aider à
descendre, c'est pourquoi elle pleurait;
sans aucun doute, la poupée pleurait aussi;
elle tendait ses bras tout roidis entre les
branches vertes de l'arbre et avait l'air
bien malheureuse. « Oui, ce sont là les
« peines de ce monde dont maman a si
« souvent parlé ! » Ah! la pauvre poupée!
le jour commençait à baisser; que serait-ce
quand la nuit noire viendrait? Fallait-il
que la poupée restât toute seule, la nuit
entière, dans l'arbre et au jardin? Non, la
petite fille ne pouvait pas s'y résoudre.
« Je veux rester auprès de toi, » disait-
elle, bien qu'elle ne se sentît pas rassurée
du tout. Il lui semblait voir d'une manière
très-distincte les petits lutins, avec leurs
bonnets longs et pointus, accroupis dans

les buissons, et, dans l'allée sombre du
fond, elle voyait de grands fantômes qui
dansaient et s'approchaient de plus en
plus ; ils tendaient leurs mains vers l'arbre
sur lequel la poupée était perchée, ils
riaient avec malice et montraient la poupée du doigt. Oh ! que la petite fille eut
peur ! « Mais, quand on n'a pas commis
« de péché, se disait-elle, le malin ne peut
« pas nous faire de mal. Aurais-je bien
« commis un péché ? » Elle se mit à réflé-
chir. « Hélas ! oui, se disait-elle ; je me
« suis moquée du pauvre canard avec son
« chiffon rouge à la jambe ; il boitait si drô-
« lement que je n'ai pas pu m'empêcher de
« rire ; mais c'est un péché que de rire des
« animaux. » Elle leva la tête pour regarder
sa poupée. « Toi aussi, as-tu ri des ani-
« maux ? » lui demanda-t-elle, et il lui
semblait voir que la poupée secouait la
tête pour dire que non. »

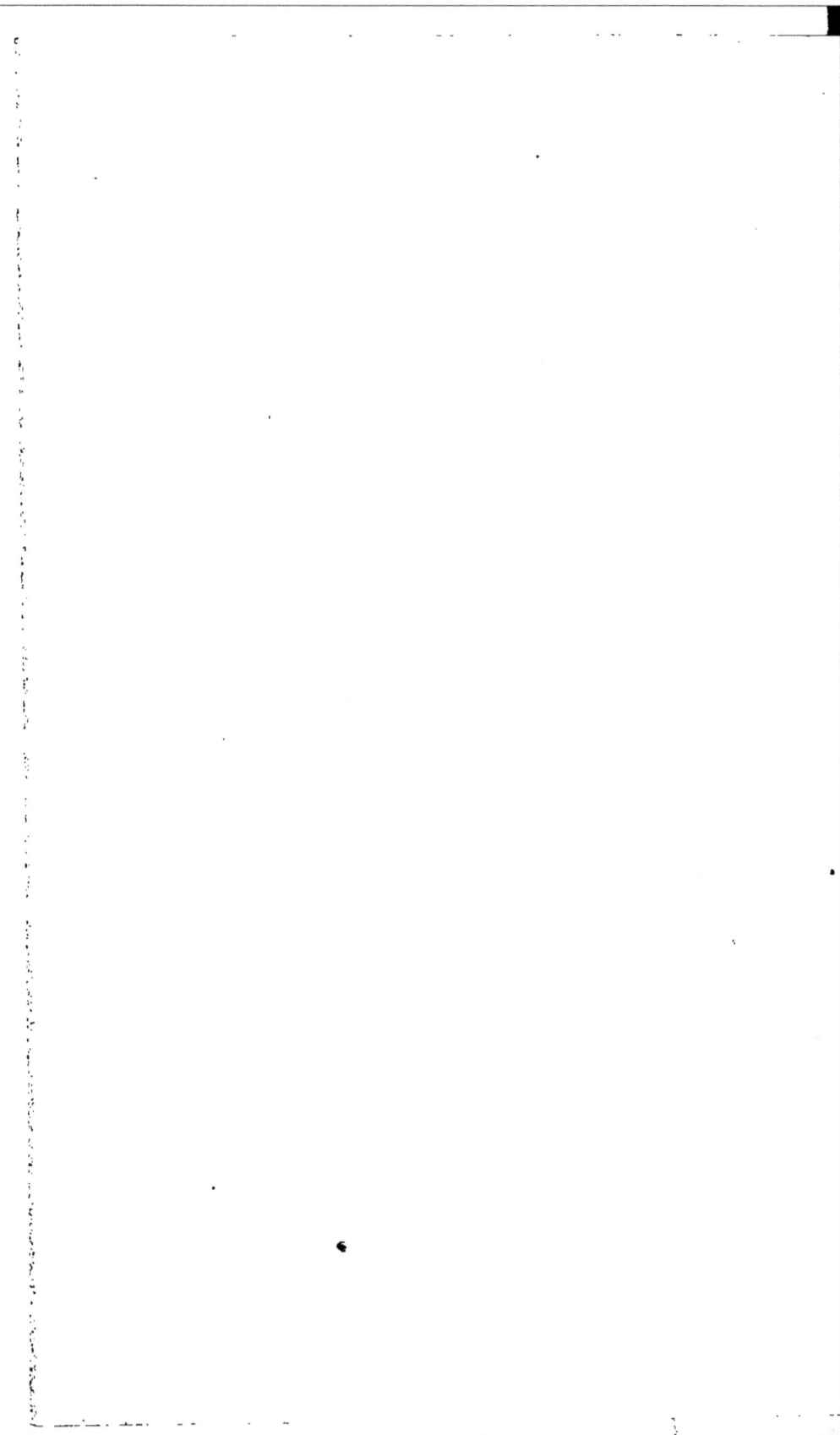

VINGT-TROISIÈME SOIRÉE.

« Je regardais le Tyrol, disait la Lune,
les sombres sapins projetaient leurs longues ombres noires sur les rochers. Je
voyais une des images de saint Christophe
portant l'enfant Jésus sur ses épaules,
comme on les voit peintes, dans ce pays,
en grandeur colossale sur les murs des

maisons, qu'elles couvrent depuis le toit jusqu'à terre. Ailleurs je voyais saint Florian qui verse de l'eau sur une maison en flammes, tandis que le Christ, au corps sanglant, était suspendu sur la grande croix près du chemin. Pour la nouvelle génération, ce sont là de vieilles images, tandis que moi je les ai vu élever et remplacer par d'autres. Au sommet d'une montagne, au-dessus du précipice, on voit suspendu, comme le nid d'une hirondelle, un couvent solitaire de nonnes ; deux sœurs étaient montées au clocher pour sonner les cloches ; elles étaient jeunes toutes les deux, aussi leurs regards volaient-ils par delà les monts et cherchaient-ils le monde. Une voiture de voyage venait à passer au fond de la vallée, le cor du postillon se faisait entendre ; les pauvres nonnes, absorbées par la même pensée, tenaient leurs regards fixés sur la voiture, et je voyais briller une larme dans les yeux de la plus jeune. Les sons du cor s'affaiblissaient de plus en plus, dominés par les cloches du couvent. »

VINGT-QUATRIÈME SOIREE.

Écoutez ce que la Lune m'a raconté :
« Il y a quelques années de cela, c'était ici
à Copenhague, je regardais par les fenêtres
d'une pauvre chambre. Le père et la mère
dormaient, mais leur petit-fils ne dormait
pas. Je voyais les rideaux de son lit d'in-
dienne à ramages s'agiter, l'enfant avan-

çait la tête. D'abord, je croyais que l'enfant regardait la grande pendule suspendue au mur et qui était si bien peinte en rouge et en vert; sur le sommet était perché un coucou, et en bas pendaient les lourds poids de plomb; le balancier, avec son disque de cuivre poli, allait et venait, faisant son tic tac; mais non, l'enfant ne regardait pas la pendule, c'était le rouet de sa mère, placé au-dessous de la pendule, sur lequel il attachait ses regards. C'était celui de tous les meubles qui était le plus cher à l'enfant, mais il ne fallait pas y toucher; autrement on lui aurait donné sur les doigts. Pendant des heures entières, quand la mère filait, l'enfant se tenait tranquillement assis à ses côtés à regarder la bobine qui bourdonnait et la roue qui tournait; cela lui suggérait toute espèce de pensées. Hélas! que ne pouvait-il faire tourner aussi le rouet? Le père et la mère dormaient, l'enfant les regardait; il regardait le rouet et, peu d'instants après, je voyais sortir du lit un petit pied nu, puis un autre, et ensuite deux petites jambes. Le voilà debout. Le petit regarda encore une fois autour de lui pour voir si son père et sa mère dormaient encore; oui, ils dormaient et l'enfant, dans sa petite chemise courte, alla à pas furtifs tout doucement, mais tout doucement, vers le rouet et se mit à filer. La corde du rouet glissa de la roue, qui tournait alors plus rapidement encore. Je baisais les cheveux blonds et les yeux bleus du petit garçon : c'était un charmant tableau. Dans ce moment, la mère se réveilla; elle agita les rideaux, avança la tête et crut voir un lutin ou quelque autre petit fantôme. « Au nom de « Jésus-Christ! » s'écria-t-elle, pleine de frayeur, en frappant son mari du coude ; celui-ci ouvrit les yeux, les frotta des deux mains et regarda le petit garçon agile. « Mais c'est notre Bertel! » s'écria-t-il.

« Mes yeux quittèrent cette pauvre chambre : j'ai tant de choses à regarder! Dans ce même moment mes rayons pénétraient dans les salles du Vatican, où se trouvent les dieux de marbre. J'éclairais de mes rayons le groupe de Laocoon; le marbre semblait soupirer ; je déposai un baiser silencieux sur le sein des Muses, qui paraissait se soulever. Mes rayons ne pouvaient se détacher du groupe du Nil, de ce dieu gigantesque. Appuyé contre le Sphinx, il est étendu là, rêveur et absorbé dans ses pensées, comme s'il songeait aux siècles qui passent; de petits Amours y folâtrent avec les crocodiles. Dans la corne d'abondance du dieu se tenait un tout petit Amour, contemplant, les bras croisés, le grand dieu marin si grave : image fidèle du petit enfant au rouet; c'étaient absolument les mêmes traits. Elle était vivante et charmante, cette petite statue de marbre que je voyais ici; et cependant la roue

des ans a dû tourner plus de mille fois
depuis le temps où cette statue est sortie
du bloc de marbre. Autant de fois que
l'enfant dans la ·pauvre chambre a fait
tourner son rouet, autant de révolutions
a dû faire la grande roue du temps, avant
que l'art ait pu créer de nouveau des dieux
de marbre comme ceux que je voyais ici.

« Bien des années ont passé depuis, continuait la Lune. Hier je regardais un golfe
sur la côte orientale de l'île de Séeland ; il
y a là de magnifiques forêts, de hautes
collines, un vieux château féodal, entouré
de murailles rouges ; des cygnes sillonnent
les eaux de ses fossés ; au fond, on voit à
travers les vergers une petite ville avec une
église. Des barques nombreuses, éclairées
par des torches, fendaient les eaux tran-
quilles ; ce n'était pas pour une pêche aux
anguilles que l'on avait allumé ces feux,
non, tout avait un air de fête. La musique
retentissait, on entonnait un chant ; dans

une des barques se tenait debout celui à
qui s'adressaient ces hommages, homme
vigoureux, à la taille élevée et enveloppé
dans un manteau ; il avait des yeux bleus
et de longs cheveux blancs. Je le reconnus
et je pensais au Vatican et à son groupe
du Nil, ainsi qu'à tous ses dieux de marbre ; je pensais à la petite chambre si pauvre où le petit Bertel, dans sa chemise
courte, s'était assis au rouet. La roue des
temps a tourné, de nouveaux dieux sont
sortis du marbre.... De toutes les barques
partaient des cris de : « Vive, vive Bertel
Thorwaldsen ! »

VINGT-CINQUIÈME SOIRÉE.

« Je vais te fournir un tableau de Franc-
fort, me disait la Lune. J'y ai regardé surtout un certain édifice, non pas la maison
où naquit Gœthe, non pas l'antique hôtel
de ville dont les fenêtres grillées montrent
encore aujourd'hui les cornes et les crânes
des bœufs que l'on faisait rôtir le jour du

couronnement des empereurs, pour les abandonner ensuite à la foule; non, c'était une simple maison bourgeoise, peinte en vert, tout près de l'étroite ruelle des Juifs, c'était la maison de Rothschild.

« Je regardais par la porte ouverte; l'escalier était brillamment éclairé; des domestiques, portant de lourds flambeaux d'argent avec des bougies allumées, se tenaient là et s'inclinaient respectueusement devant une vieille femme que l'on descendait dans une chaise à porteurs. Le maître de la maison s'y trouvait nu-tête; il porta respectueusement la main de la vieille à ses lèvres. C'était sa mère; elle fit un signe de tête amical à son fils et aux domestiques, puis on la porta dans cette ruelle sombre et étroite, dans une très-petite maison, sa demeure; c'est là qu'elle avait mis au monde ses enfants, c'est là que sa fortune avait grandi; la fortune l'abandonnerait si elle quittait cette rue mé-

prisée et cette misérable maison! C'était là
sa foi, à elle. »

Voilà tout ce que la Lune me racontait;
sa visite était vraiment trop courte ce soir-
là. Moi, je songeais à cette vieille femme
dans cette ruelle étroite et méprisée; il ne
lui fallait dire qu'un mot et elle aurait un
palais brillant sur les bords de la Tamise;
un seul mot d'elle, et une villa s'ouvrirait
pour elle sur le golfe de Naples.

« Si je quittais la pauvre maison d'où
est sortie la fortune florissante de mes fils,
la fortune les quitterait! » C'est une su-
perstition, mais si l'on connaît cette histoire et que l'on voie ce tableau, deux mots,
comme inscription, suffiront pour le faire
comprendre; ces mots sont : *Une mère*.

VINGT-SIXIÈME SOIRÉE.

« C'était hier matin, à l'aube du jour (ce sont là les paroles de la Lune); la fumée ne sortait encore d'aucune des cheminées de la grande ville, et c'étaient justement les cheminées que je regardais. A ce moment, je vis sortir de l'une d'elles une petite tête, puis la moitié d'un corps dont les bras reposaient sur le rebord de la cheminée. C'était un petit ramoneur qui, pour la première fois de sa vie, avait traversé toute la longueur de la cheminée et avait passé sa tête par l'ouverture. Ah! oui, c'était autre chose que de ramper dans les tuyaux de cheminées sombres et étroits! Le vent soufflait si frais! le petit ramoneur dominait toute la ville et pouvait voir la verte forêt; le soleil se leva à ce moment, son grand disque rond éclairait la figure du ramoneur radieuse de bonheur, bien que joliment noircie par la suie.

« Toute la ville peut me voir maintenant, « s'écria-t-il en brandissant son balai, et « la Lune peut me voir, et le Soleil aussi! »

VINGT-SEPTIÈME SOIRÉE.

« Hier, pendant la nuit, je regardais une ville en Chine, me disait la Lune. Mes rayons éclairaient les longues murailles nues dont les rues sont formées. Çà et là, on trouve bien une porte, mais elle est fermée : car qu'importe au Chinois le monde du dehors ? Des jalousies impé-

6

nétrables couvraient les fenêtres derrière le mur qui entourait la maison ; seule, une faible lumière se voyait à travers les fenêtres du temple. J'y regardais, et je voyais cette splendeur bariolée. Depuis le plancher jusqu'au plafond, les murs sont couverts d'images peintes des couleurs les plus criardes et ornées de riches dorures qui représentent les hauts faits des dieux sur la terre. Dans chaque niche il y a une statue, mais elles sont presque entièrement cachées par des draperies aux couleurs variées et par de longs drapeaux qui pendent jusqu'à terre. Devant chacune de ces divinités, qui toutes sont faites d'étain, il y avait un petit autel chargé d'eau consacrée, de fleurs et de bougies allumées ; la place d'honneur était occupée par Fo, le premier des dieux, revêtu d'une robe de soie jaune : le jaune est la couleur sacrée du pays. Au pied de l'autel était accroupi un être vivant, un jeune prêtre ; il paraissait prier, mais, au milieu de sa prière, il semblait se plonger dans des rêveries ; c'était certainement un péché, car ses joues brûlaient et il penchait la tête. Pauvre Souï-Hong ! Se voyait-il peut-être, dans ses rêves, travailler derrière le long mur qui séparait de la rue le petit jardin que l'on trouve devant chaque maison, et cette occupation, la préférait-il peut-être à cette veillée dans le temple où il fallait avoir soin des bougies ? Ou avait-il envie de s'asseoir à une table somptueuse et de s'essuyer la bouche avec du papier d'argent après chaque mets ? ou son péché était-il si grand que le Céleste Empire l'aurait puni de mort s'il osait le dire tout haut ? Ses pensées avaient-elles osé s'envoler avec les vaisseaux des Barbares pour aller dans leur pays, dans l'Angleterre lointaine ? Non ! ses pensées n'allaient pas aussi loin, et cependant elles étaient aussi criminelles que le sang de la jeunesse peut les inspi-

rer; elles étaient criminelles ici dans le
temple, en présence de Fo et des autres
dieux. Je sais où allaient ses pensées. A
l'autre extrémité de la ville, sur un toit
plat, couvert de dalles, et dont la balus-
trade paraissait être faite en porcelaine,
où l'on voyait les beaux vases avec leurs
grandes campanules blanches, était assise
la charmante Pé, aux petits yeux espiè-
gles, aux lèvres charnues et aux pieds mi-
gnons. Ses souliers étaient étroits, mais
son cœur se serrait encore bien davantage; elle leva ses bras délicats et bien
arrondis, on entendait le frôlement de sa
robe de satin. Devant elle, il y avait un
globe de verre avec quatre poissons de
Chine; elle agitait l'eau tout doucement
avec une petite baguette peinte en couleurs
variées et vernissée; elle l'agitait bien lentement, car elle songeait à quelque chose;
peut-être se disait-elle que les poissons
étaient bien beaux avec leurs riches habits

dorés et qu'ils devaient être heureux dans
leur globe de verre où on leur donnait une
nourriture abondante? ou se disait-elle que
les poissons seraient bien plus heureux s'ils
pouvaient nager en toute liberté? Oui, la
belle Pé comprenait cela. Ses pensées quit-
taient la maison, ses pensées se portaient
vers le temple de Fo ; mais ce n'était pas à
cause du dieu qu'elles s'y fixaient. Pauvre
Pé! Pauvre Souï-Hong! Leurs pensées ter-
restres se rencontraient; mes froids rayons
s'interposèrent entre les deux amants
comme le glaive du Chérubin. »

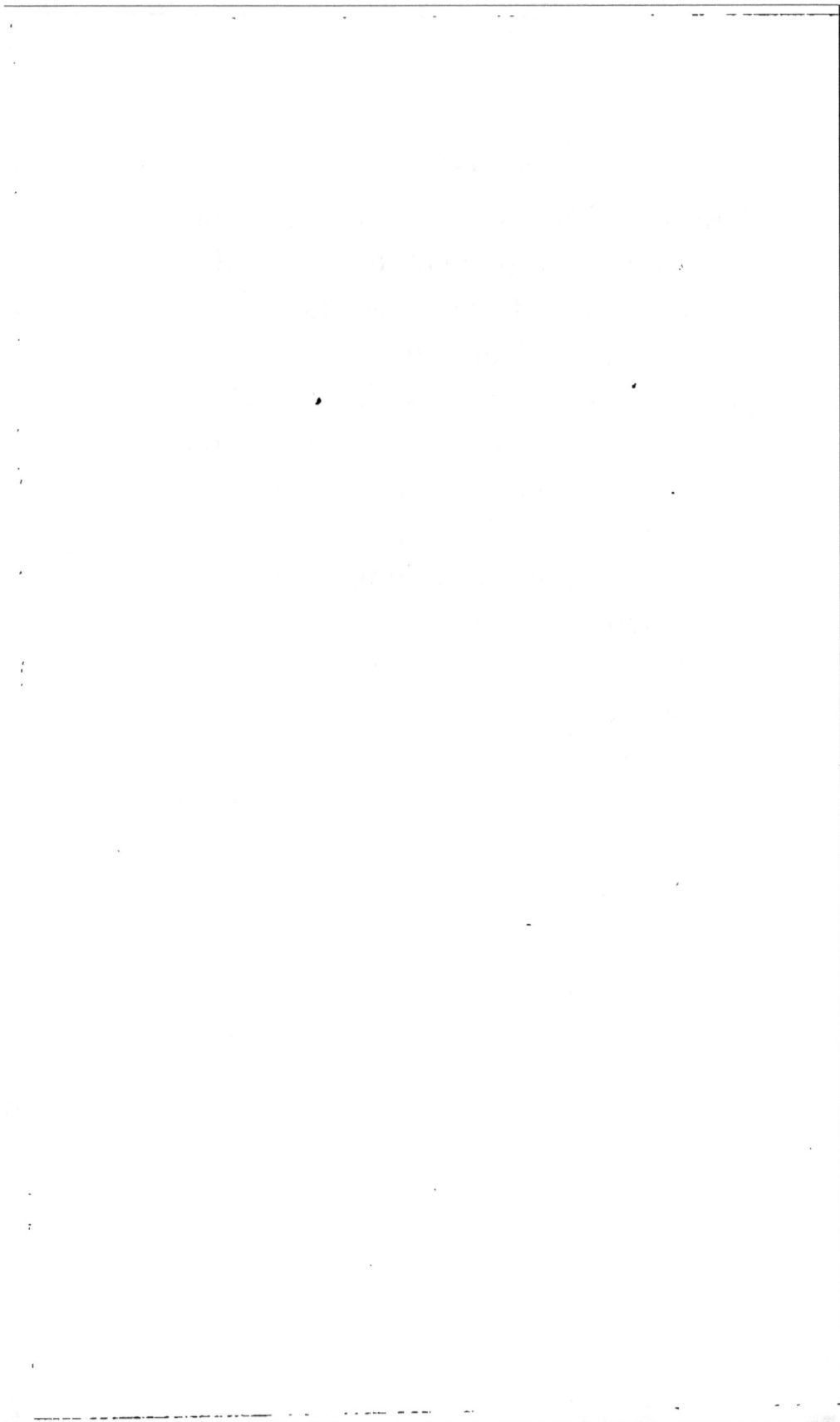

VINGT-HUITIÈME SOIRÉE.

« Un calme profond régnait sur la mer,
me disait la Lune, l'eau était transparente
comme le pur éther que je traversais ; à
une grande profondeur au-dessous de la
surface, je pouvais voir ces plantes étranges
qui, semblables aux arbres gigantesques de
la forêt, étendaient leurs énormes bras vers

moi ; les poissons nageaient par-dessus leurs cimes. Une troupe de cygnes sauvages passait à une grande hauteur dans l'air ; l'un d'eux, dont les ailes étaient fatiguées, s'abaissait de plus en plus vers la mer ; il suivait des yeux la caravane qui, d'un vol léger et rapide, s'éloignait de plus en plus ; il tenait les ailes déployées et tombait comme tombe la bulle de savon dans l'air tranquille ; il toucha la surface de l'eau ; la tête repliée entre ses ailes, il flottait comme le nénufar blanc sur un lac tranquille. Un vent léger s'éleva et rida la surface brillante de la mer qui, dans son éclat, ressemblait à l'éther, roulant ses larges vagues. Le cygne leva la tête et l'eau phosphorescente couvrait, en jaillissant, sa poitrine et son dos comme d'un feu bleuâtre. Le soleil, à son lever, éclairait les nuages de ses feux ; le cygne ranimé reprit son essor et se dirigea vers le soleil levant, vers la côte bleuâtre où la troupe de ses frères

l'avait précédé ; mais il voyageait seul, le
cœur gonflé de vagues désirs ; solitaire, il
passait au-dessus des vagues bleues et
frémissantes. »

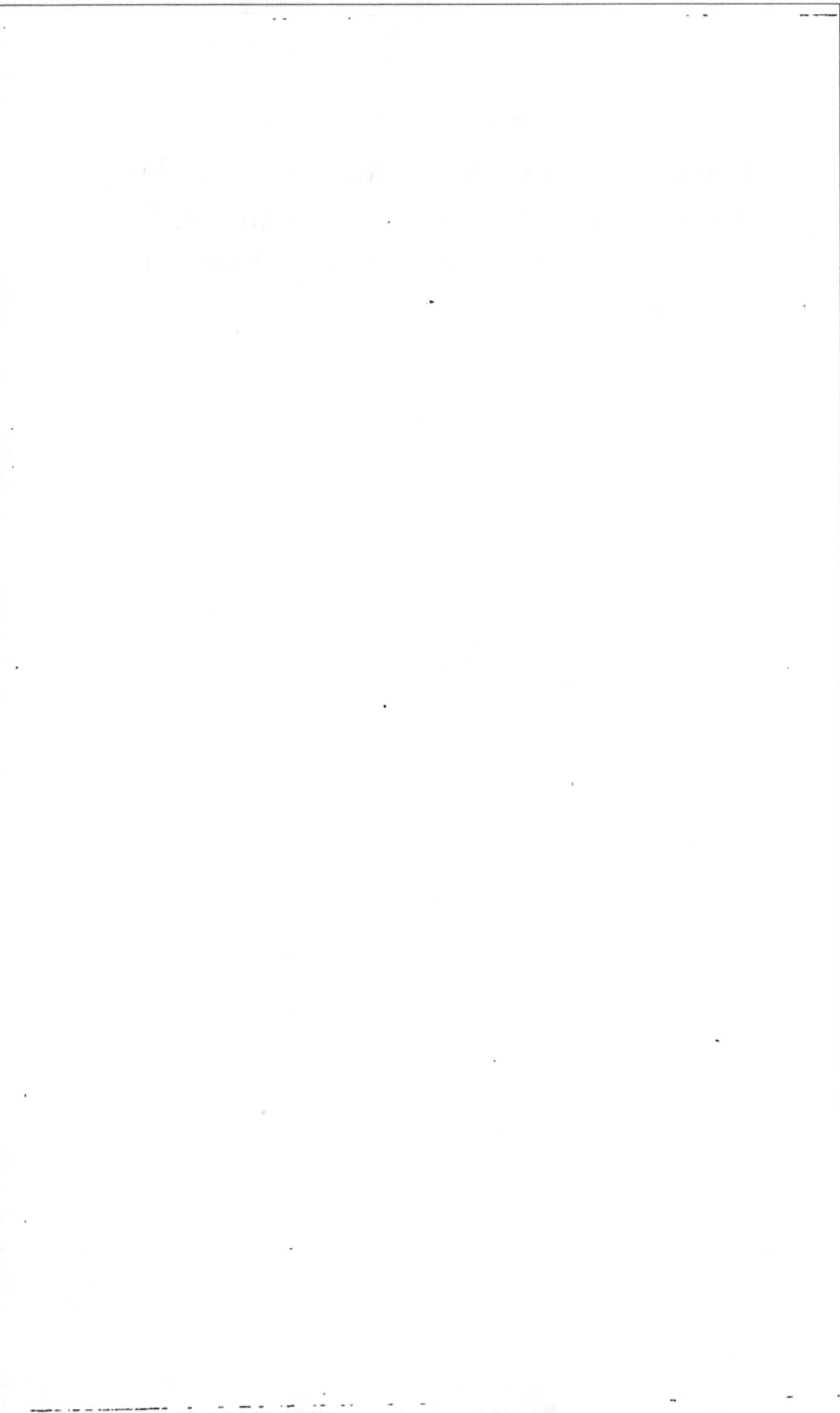

VINGT-NEUVIÈME SOIRÉE.

« Je vais te donner encore un tableau emprunté à la Suède, disait la Lune. Au milieu de sombres forêts de sapins, près des bords mélancoliques du Noxen, se trouve Wréta, l'église d'un ancien couvent. Mes rayons pénétraient à travers les barreaux dans les caveaux immenses où des rois dorment

tranquillement dans leurs grands cercueils
de pierre. Dans le mur, au-dessus de leur
tombe, on voit briller, comme emblème
de la splendeur terrestre, une couronne
royale, mais elle n'est qu'en bois peint et
doré ; une cheville en bois l'attachait au
mur. Les vers ont rongé le bois doré, les
araignées ont fait leurs toiles depuis le
haut de la couronne jusqu'en bas sur le
cercueil, crêpe périssable comme la douleur des mortels. Que les morts dorment
d'un sommeil tranquille ! J'en conserve un
souvenir très-distinct. Je vois encore ce
sourire hardi qui jouait autour de leurs
lèvres et qui exprimait d'une manière si
forte et si accentuée ou la joie, ou le
chagrin. Lorsque le bateau à vapeur double
les montagnes, comme un vaisseau de fée,
il vient souvent des étrangers dans cette
église pour voir les caveaux et s'informer
des noms de ces rois qui, pour eux, sont
déjà comme morts et oubliés. Les étran-

gers regardent alors en souriant ces couronnes rongées par les vers, et, s'ils ont l'âme pieuse, la tristesse se mêle à leur sourire: Dormez, ô morts! la Lune se souvient de vous, la Lune fait descendre, pendant la nuit, ses rayons froids sur votre royaume solitaire, où est suspendue cette couronne de bois de sapin. »

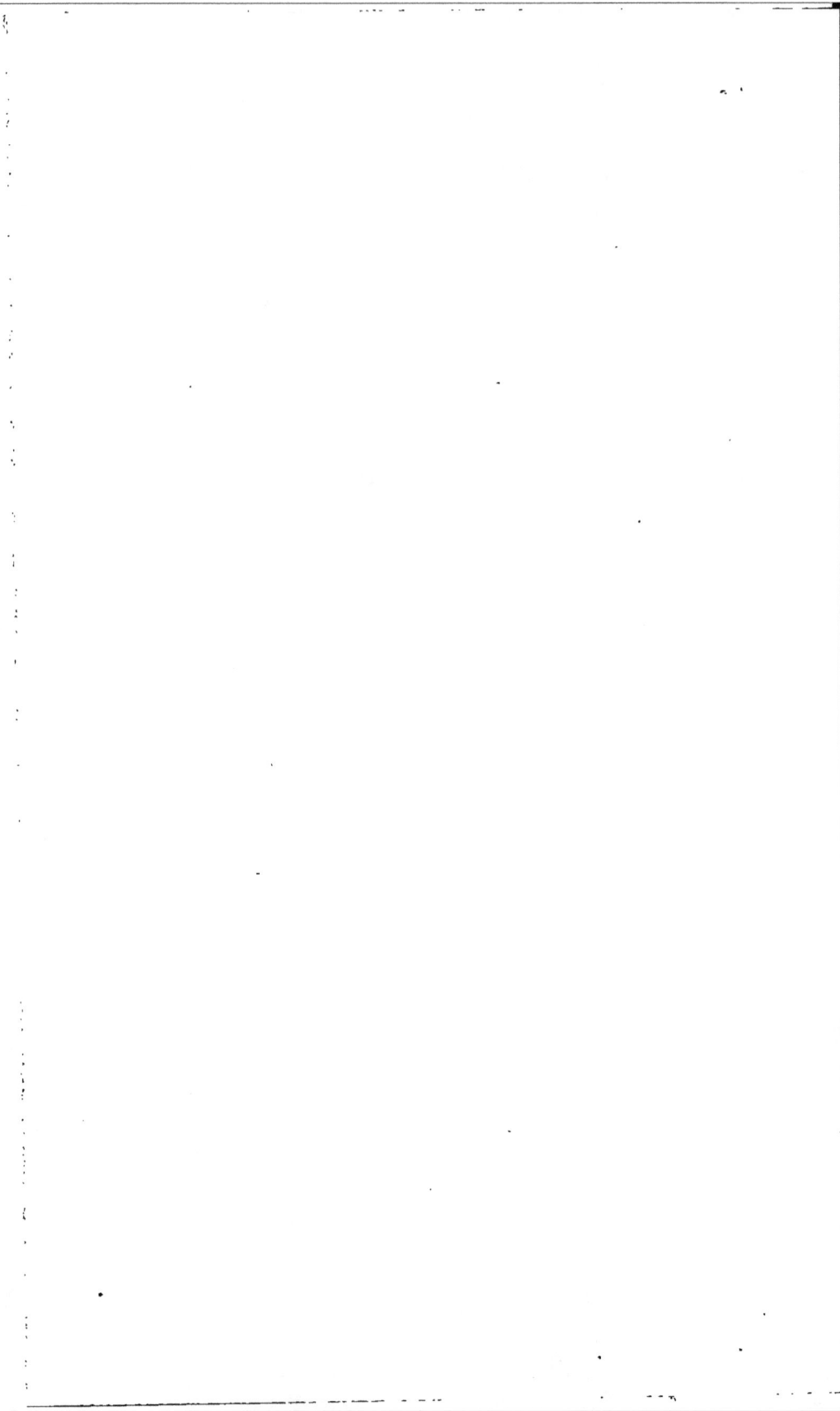

TRENTIÈME SOIRÉE.

« Tout près de la grande route, me disait la Lune, il y a un petit cabaret vis-à-vis duquel on voit un grand hangar; on est occupé à en couvrir le toit de chaume. Je pouvais regarder au travers des chevrons, mes rayons pouvaient pénétrer par les trous du plancher dans les combles, et ils éclairaient l'intérieur inhospitalier du hangar. Un dindon dormait sur la poutre où il était perché, une selle avait été déposée dans la mangeoire vide. Au milieu du hangar, il y avait une voiture de voyage; les voyageurs y dormaient d'un sommeil profond, pendant qu'on donnait à boire aux chevaux. Le cocher s'étirait les bras, quoiqu'il eût parfaitement bien dormi la moitié de la route; je le savais mieux que personne. La porte qui conduisait à la chambre des domestiques était ouverte; le lit avait l'air d'être retourné sens dessus dessous; une chandelle était placée sur le plancher et brûlait dans l'intérieur du chandelier. Un vent glacial traversait le hangar; on était plus près du lever du soleil que de minuit. Sur une estrade, sur les planches nues, dormait une famille de musiciens ambulants; le père et la mère rêvaient, sans aucun doute, au liquide brûlant qui était resté dans la bouteille; la petite fille pâle sentait encore dans ses rêves les larmes qui lui brûlaient les yeux ; une harpe était posée près de leur tête, un chien était couché à leurs pieds. »

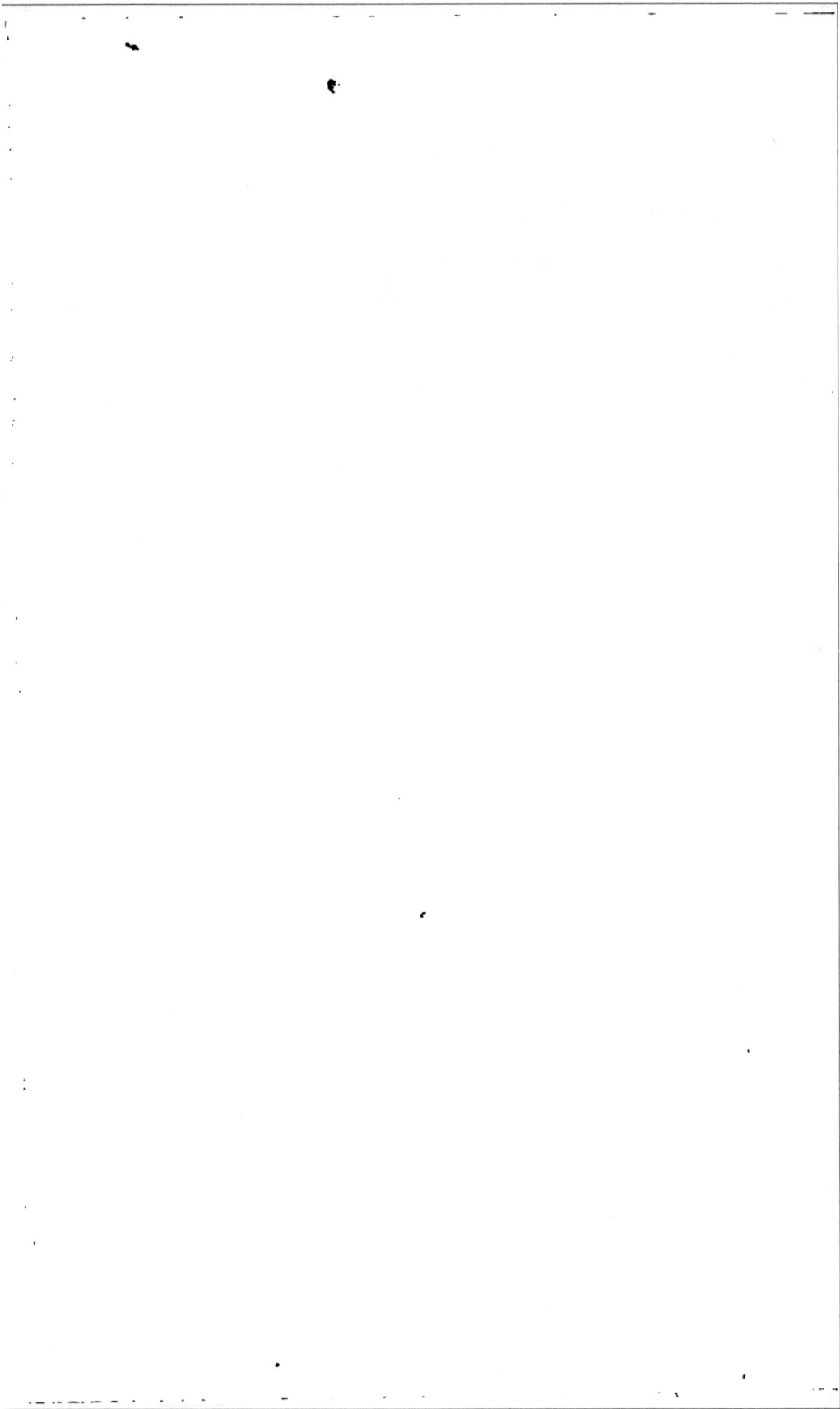

TRENTE ET UNIÈME SOIREE.

« C'était dans une petite ville de province, me disait la Lune; il est vrai que c'était l'année passée, mais cela ne fait rien à l'affaire; j'ai vu très-clairement ce que je vais te raconter; j'ai lu ce soir l'histoire dans les journaux, mais elle n'était pas aussi bien racontée que je l'ai vue. Un

conducteur d'ours était assis dans la chambre commune de l'auberge ; il soupait, son
ours était attaché dehors, derrière un tas
de bois ; pauvre frère Martin qui ne faisait
de mal à personne, bien qu'il eût l'air
assez terrible. En haut, dans la mansarde,
trois petits enfants jouaient, éclairés par
ma lumière ; l'aîné des enfants pouvait avoir
six ans, le plus jeune n'avait pas plus de
deux ans. Baoum, baoum ! On entendait
quelqu'un monter lourdement l'escalier :
qui pouvait être là ? La porte s'ouvrit....
c'était frère Martin, le grand ours à la peau
velue. Il s'était ennuyé là, en bas, dans la
cour, et il venait de trouver le chemin de
l'escalier. J'ai tout bien vu, disait la Lune.
Les enfants étaient fort effrayés de voir
cette grande bête velue ; ils se blottirent
chacun dans son coin, mais l'ours les dé-
couvrit tous trois et les flaira sans cependant leur faire le moindre mal. « C'est sans
« doute un grand chien, » dirent les enfants,

et ils le caressèrent. L'ours se coucha sur
le plancher; le plus jeune des enfants
grimpa sur lui et jouait à cache-cache en
fourrant sa petite tête aux boucles dorées
dans la fourrure épaisse et noire de l'ours.
Alors le plus âgé des garçons prit son
tambour et le battit de toutes ses forces ;
l'ours se dressa sur ses pattes de derrière
et se mit à danser : c'était ravissant à voir.
Chacun des trois enfants prit alors son
fusil, ils en donnèrent un à l'ours qui le
serrait bien fort; c'était un superbe cama-
rade que les enfants venaient de trouver
là; puis tous se mirent à marcher : Une,
deux! une, deux!

« Alors quelqu'un toucha la porte, elle
s'ouvrit; c'était la mère des enfants. A ce
moment il fallait la voir, il fallait voir sa
frayeur muette, ce visage blanc comme un
linceul, cette bouche à demi ouverte, ces
yeux hagards. Mais le plus jeune des enfants lui fit un signe de tête de l'air le plus

heureux et cria tout haut dans son langage à lui : « Nous jouons seulement « aux soldats! » Puis vint le conducteur de l'ours. »

TRENTE-DEUXIÈME SOIRÉE.

Un vent froid et violent chassait les
nuages à travers le ciel; je ne voyais la
Lune que par intervalles et pendant de
courts instants seulement. « Je regarde du
haut d'un ciel calme ces nuages qui s'en-
volent, me disait la Lune; je vois ces
grandes ombres qui passent rapidement

sur la terre. Je regardais une prison. Une
voiture couverte s'y était arrêtée devant la
porte, on allait emmener un prisonnier.
Mes rayons pénétraient à travers les barreaux de la fenêtre et éclairaient un mur,
sur lequel le prisonnier gravait quelques
lignes pour dire adieu à sa cellule ; mais
ce n'étaient pas des mots qu'il y inscrivait,
c'était un chant dans lequel il épanchait
son cœur. On ouvrit la porte, on fit sortir
le prisonnier qui fixa ses yeux sur mon
disque rond ; des nuages passèrent devant
moi, comme si le prisonnier ne devait pas
voir ma face, comme si je ne devais pas
voir la sienne. Le prisonnier monta dans
la voiture, la portière fut fermée, on entendit le fouet claquer, les chevaux parti-
rent pour entrer dans la forêt épaisse où
mes rayons ne pouvaient pas pénétrer.
Mais je pouvais regarder à travers les barreaux de la fenêtre dans la prison ; mes
rayons éclairèrent ces lignes, son dernier

adieu, que le prisonnier avait gravées sur le mur ; là où les mots manquent, les sons peuvent parler. Mes rayons ne pouvaient éclairer que quelques notes, la plus grande partie de ce chant sera pour moi à jamais dans l'obscurité. Était-ce l'hymne de la mort que le prisonnier avait écrit, était-ce le chant de triomphe de l'allégresse? Le prisonnier allait-il au-devant de la mort ou allait-il se jeter dans les bras de ceux qu'il aimait? Les rayons de la Lune ne lisent pas tout ce que les mortels écrivent. »

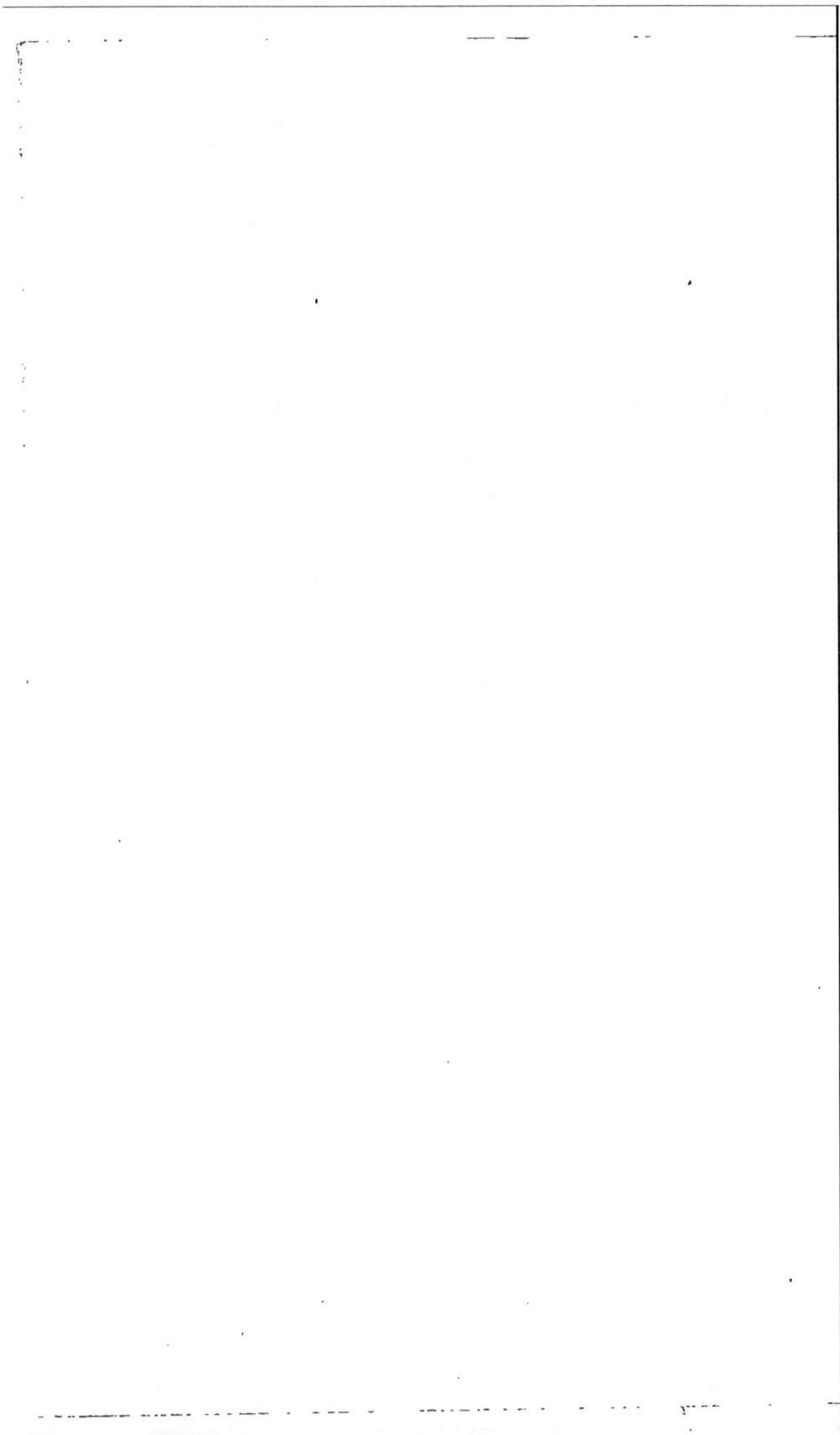

TRENTE-TROISIÈME SOIRÉE.

« J'aime les enfants, disait la Lune ; surtout les tout petits sont si amusants. Je
regarde quelquefois dans la chambre entre
les stores et l'appui de la fenêtre, quand on
ne pense pas à moi. J'ai un grand plaisir
à les regarder quand ils doivent se désha-
biller tout seuls. D'abord je vois sortir de

la robe une petite épaule nue et ronde,
ensuite le bras ; ou je vois encore comme
on ôte les bas ; une gentille petite jambe
toute blanche paraît avec un petit pied, fait
pour être embrassé, et je l'embrasse.

« Mais voici ce que j'allais raconter : ce
soir, j'ai regardé par une fenêtre où l'on
n'avait pas tiré le rideau, car il n'y a personne qui demeure vis-à-vis. J'ai vu là
toute une bande de petits enfants, tous
frères et sœurs, parmi lesquels il y avait
une petite fille ; elle n'est âgée que de
quatre ans, mais elle sait dire son oraison
dominicale aussi bien que personne. La
mère s'assoit tous les soirs à côté du lit
de la petite fille et lui entend dire sa prière ;
ensuite elle embrasse la petite et reste
auprès de son lit jusqu'à ce que l'enfant
dorme ; et le sommeil arrive dès que les
petits yeux ont pu se fermer. Ce soir, les
deux aînés des enfants étaient un peu
bruyants ; l'un d'eux sautait sur une jambe

dans sa longue et blanche chemise de nuit;
l'autre se tenait sur une chaise, entouré
des habits de tous les autres enfants; il
disait que c'étaient des tableaux vivants.
Le troisième et le quatrième plaçaient leurs
effets gentiment et avec ordre dans une
boîte, et il faut bien que ce soit fait ainsi.
La mère était assise auprès du lit de la
toute petite et leur dit à tous de se taire,
car la petite sœur allait dire sa prière.

« Je regardais par-dessus la lampe dans
le lit où la petite fille était couchée sur
une couverture fine et blanche; ses mains
étaient jointes et sa petite figure exprimait
un sérieux recueillement; elle disait tout
haut l'Oraison dominicale. « Mais qu'est-
« ce donc? dit la mère en l'interrompant
« au milieu de la prière; quand tu as dit :
« Donne-nous notre pain quotidien ! tu
« ajoutes toujours quelque chose que je ne
« puis pas comprendre; il faut me dire ce
« que c'est. » La petite se tut et regarda sa

mère d'un air embarrassé. « Qu'est-ce que
« tu dis de plus que : Donne-nous notre
« pain quotidien ! — Ne te fâche pas, chère
« maman, je disais : Avec beaucoup de
« beurre dessus. »

FIN.

TABLE.

FIN DE LA TABLE.

Imprimerie de Ch. Lahure et Cie, rues de Fleurus, 9, et de l'Ouest, 21.

BIBLIOTHÈQUE
DES CHEMINS DE FER.

FORMATS GRAND IN-16 OU IN-18 JÉSUS.

About (Edm.) : *Germaine*. 4ᵉ édition.
1 vol.   2 fr.
— *Le roi des montagnes*. 4ᵉ édition.
1 vol.   2 fr.
— *Les mariages de Paris*. 8ᵉ édition.
1 vol.   2 fr.
— *Maitre Pierre*. 3ᵉ édition. 1 vol. 2 fr.
— *Tolla*. 6ᵉ édition. 1 vol.   2 fr.
— *Trente et quarante*. 1 vol.   2 fr.
— *Voyage à travers l'Exposition uni-
versselle des Beaux-Arts*. 1 vol.   2 fr.
Achard (Amédée) : *Le clos Pommier*.
1 vol.   1 fr.
— *Les vocations*. 1 vol.   2 fr.
— *L'ombre de Ludovic*. 1 vol.   1 fr.
— *Madame Rose;* — *Pierre de Villerglé*.
2ᵉ édition. 1 vol.   1 fr.
— *Maurice de Treuil*. 2ᵉ édit. 1 v. 2 fr.
Andersen : *Le livre d'images sans ima-
ges*. 1 vol.   »
Anonymes : *Aladdin* ou la Lampe mer-
veilleuse. 1 vol.   50 c.
— *Anecdotes du règne de Louis XVI.*
1 vol.   1 fr.
— *Anecdotes du temps de la Terreur.*
1 vol.   1 fr.
— *Anecdotes historiques et littéraires*,
racontées par Brantôme, L'Estoile,
Tallemant des Réaux, Saint-Simon,
Grimm, etc. 1 vol.   1 fr.
— *Assassinat du maréchal d'Ancre*
(relation attribuée au garde des sceaux
Marillac), avec un Appendice extrait
des *Mémoires* de Richelieu. 1 v. 50 c.
— *Djouder le Pêcheur*, conte traduit de
l'arabe par MM. *Cherbonneau* et
Thierry. 1 vol.   50 c.
— *La conjuration de Cinq-Mars*, récit
extrait de Montglat, Fontrailles, Tallemant des Réaux, Mme de Motte-
ville, etc. 1 vol.   50 c.
— *La jacquerie*, précédée des insur-
rections des Bagaudes et des Pastou-
reaux, d'après Mathieu Paris, Frois-
sart, etc. 1 vol.   50 c.
— *La mine d'ivoire*, voyage dans les

glaces de la mer du Nord, traduit de
l'anglais.   50 c.
— *La vie et la mort de Socrate*, récit extrait de Xénophon et de Platon.1 v. 50 c.
— *Le mariage de mon grand-père et le
testament du juif*, traduits de l'anglais
par *A. Pichot*. 1 vol.   1 fr.
— *Les émigrés français dans la Loui-
siane*. 1 vol.   1 fr.
— *Le véritable Sancho-Panza* ou Choix
de proverbes, dictons, etc. 1 vol. 1 fr.
— *Pitcairn*, ou la nouvelle île fortunée.
1 vol.   50 c.
Assollant : *Scènes de la vie des États-
Unis.* 1 vol.   50 c.
Auerbach : *Contes*, traduits de l'alle-
mand par M. *Boutteville*. 1 vol.   1 fr.
Auger (Ed.) : *Voyage en Californie* en
1852 et 1853. 1 vol.   1 fr.
Aunet (Mme Léonie d') : *Étiennette;* —
Sylvère. 1 vol.   1 fr.
— *Une vengeance*. 1 vol.   2 fr.
— *Un mariage en province*. 1 vol. 1 fr.
— *Voyage d'une femme au Spitzberg*.
2ᵉ édition. 1 vol.   2 fr.
Balzac (de) : *Eugénie Grandet*.1 vol. 1 fr.
— *Scènes de la vie politique*. 1 vol. 50 c.
— *Ursule Mirouët*. 1 vol.   1 fr.
Barbara (Charles) : *L'assassinat du
Pont-Rouge*. 1 vol.   2 fr.
Bast (Amédée de) : *Les Fresques*, contes
et anecdotes. 1 vol.   1 fr.
Belot (Ad.): *Marthe;* — *Un cas de con
science*. 1 vol.   1 fr.
Bernardin de Saint-Pierre : *Paul et
Virginie*. 1 vol.   1 fr.
Bersot : *Mesmer*, ou le Magnétisme ani-
mal avec un chapitre sur les tables
tournantes. 1 volume.   1 fr.
Boiteau (P.) : *Les cartes à jouer et la
cartomancie*. Ouvrage illustré de
40 vignettes sur bois.   1 fr.
Brainne (Ch.) : *La Nouvelle-Calédonie;*
voyages, missions, colonisation. 1 volume.   1 fr.

Bréhat (Alfred de) : *Les Filles du Boër.* 1 vol. 2 fr.

Brueys et **Palaprat** : *L'avocat Patelin.* 1 vol. 50 c.

Camus (évêque de Belley) : *Palombe, ou la femme honorable,* précédée d'une étude sur Camus et le roman au XVIIᵉ siècle, par *H. Rigault.* 1 vol. 50 c.

Caro (E.) : *Saint Dominique et les Dominicains.* 1 vol. 1 fr.

Castellane (comte de) : *Nouvelles et récits.* 1 vol. 1 fr.

Cervantès : *Costanza,* traduit par *L. Viardot.* 1 vol. 50 c.

Champfleury : *Les oies de Noël.* 1 volume. 1 fr.

Chapus (E.) : *Les chasses princières en France,* de 1589 à 1839. 1 vol. 1 fr.
— *Le sport à Paris.* 1 vol. 2 fr.
— *Le turf,* ou les Courses de chevaux en France et en Angleterre. 1 vol. 1 fr.

Chateaubriand (vicomte de) : *Atala, René, les Natchez.* 1 vol. 3 fr.
— *Le génie du christianisme.* 1 v. 3 fr.
— *Les martyrs et le dernier des Abencérages.* 1 vol. 3 fr.

Cochut (A.) : *Law,* son système et son époque. 1 vol. 2 fr.

Colet (Mme) : *Promenade en Hollande.* 1 vol. 2 fr.

Corne (H.) : *Le cardinal Mazarin.* 1 volume. 1 fr.
— *Le cardinal de Richelieu.* 1 vol. 1 fr.

Delessert (B.) : *Le guide du bonheur.* 1 vol. 1 fr.

Demogeot (J.) : *Les lettres et l'homme de lettres au XIXᵉ siècle.* 1 vol. 1 fr.
— *La critique et les critiques en France au XIXᵉ siècle.* 1 vol. 1 fr.

Des Essarts : *François de Médicis.* 1 vol. 2 fr.

Didier (Ch.) : *50 jours au désert.* 1 volume. 2 fr.
— *500 lieues sur le Nil.* 1 vol. 2 fr.
— *Séjour chez le grand-chérif de la Mekke.* 1 vol. 2 fr.

Du Boys (Ch.) : *Nouvelles d'atelier.* 1 vol. 2 fr.

Énault (L.) : *Christine.* 1 vol. 1 fr.
— *La rose blanche.* 1 vol. 1 fr.
— *La vierge du Liban.* 1 vol. 2 fr.
— *Nadéje.* 1 vol. 2 fr.

Ferry (Gabriel) : *Costal l'Indien,* scènes de l'indépendance du Mexique. 1 vol. 3 fr.
— *Le coureur des bois,* ou les chercheurs d'or :
    Première partie. 1 vol. 3 fr.
    Deuxième partie. 1 vol. 3 fr.

— *Les Squatters; — La clairière du bois des Hogues.* 1 vol 1 fr.
— *Scènes de la vie mexicaine.* 1 v. 3 fr.
— *Scènes de la vie militaire au Mexique.* 1 vol. 1 fr.

Figuier (Mme Louis) : *Mos de Lavène.* 1 vol. 1 fr.

Florian : *Les arlequinades.* 1 vol. 50 c.

Forbin (comte de) : *Voyage à Siam.* 1 vol. 50 c.

Fortune (Robert) : *Aventures en Chine,* dans ses voyages à la recherche du thé et des fleurs; traduit de l'anglais. 1 vol. 1 fr.

Fraissinet (J. L.) : *Le Japon contemporain.* 1 vol. 2 fr.

Galbert (de Bruges) : *Légende du bienheureux Charles le Bon.* 1 vol. 50 c.

Gaskell (Mme) : *Cranford,* traduit de l'anglais par Mme Louise Sw.-Belloc. 1 vol. 1 fr.

Gautier (Théophile) : *Caprices et zigzags.* 1 vol. 2 fr.
— *Italia.* 1 vol. 2 fr.
— *Le roman de la momie.* 1 vol. 2 fr.
— *Militona.* 1 vol. 1 fr.

Gérard (J.) : *Le tueur de lions.* 3ᵉ édition. 1 vol. 2 fr.

Gerstäcker : *Aventures d'une colonie d'émigrants en Amérique,* trad. de l'allemand par X. Marmier. 1 vol. 1 fr.

Giguet (P.) : *Campagne d'Italie,* avec une carte gravée sur acier. 1 vol. 1 fr.

Gœthe : *Werther,* traduit de l'allemand par L. Enault. 1 vol. 1 fr.

Gogol : *Nouvelles choisies* (1° Mémoires d'un fou; 2° Un ménage d'autrefois; 3° Le roi des gnomes), trad. du russe par *L. Viardot.* 1 vol. 1 fr.
— *Tarass Boulba,* traduit du russe par L. Viardot. 1 vol. 1 fr.

Goudall (Louis) : *Le martyr des Chaumelles.* 1 vol. 1 fr.

Guillemard : *La pêche en France.* 1 volume illustré de 50 vignettes. 2 fr.

Guizot (F.) : *L'amour dans le mariage,* étude historique. 6ᵉ édit. 1 vol. 1 fr.
  Les ouvrages suivants ont été revus par M. Guizot :
Édouard III et les bourgeois de Calais, ou les Anglais en France. 1 volume. 1 fr.
Guillaume le Conquérant, ou l'Angleterre sous les Normands. 1 vol. 1 fr.
La grande Charte, ou l'établissement du gouvernement constitutionnel en Angleterre, par *C. Rousset.* 1 v. 2 fr.

— 3 —

— *Origine et fondation des États-Unis d'Amérique*, par *P. Lorain.* 1 volume. 2 fr.

Guizot (G.) : *Alfred le Grand, ou l'Angleterre sous les Anglo-Saxons.* 1 volume. 2 fr.

Hall (capitaine Basil) : *Scènes de la vie maritime*, traduites de l'anglais par *Am. Pichot.* 1 vol. 1 fr.
— *Scènes du bord et de la terre ferme*, traduites par le même. 1 vol. 1 fr.

Hauréau (B.) : *Charlemagne et sa cour*, portraits, jugements et anecdotes. 1 vol. 1 fr.
— *François Ier et sa cour*, portraits, jugements et anecdotes. 2e édit. 1 v. 1 fr.

Hawthorne : I. *Catastrophe de M. Higginbotham.* II. *La fille de Ravacini.* III. *David Swan*, contes trad. de l'anglais par *Leroy et Scheffter.* 1 vol. 50 c.

Heiberg : *Nouvelles danoises*, traduites du danois par *X. Marmier.* 1 vol. 1 fr.

Héquet (G.) : *Madame de Maintenon.* 1 vol. 2 fr.

Hervé et de Lanoye : *Voyages dans les glaces du pôle arctique*, à la recherche du passage nord-ouest, extraits des relations de sir John Ross, Edward Parry, John Franklin, Beechey, Back, Mac Clure et autres navigateurs célèbres. 1 vol. 2 fr.

Karr (Alph.) : *Clovis Gosselin.* 1 v. 1 fr.
— *Contes et Nouvelles.* 1 vol. 2 fr.
— *Geneviève.* 1 vol, 1 fr.
— *Hortense; — Feu Bressier.* 1 v. 1 fr.
— *La famille Alain.* 1 vol. 1 fr.
— *Le chemin le plus court.* 1 vol. 1 fr.

Laboulaye (Ed.) : *Souvenirs d'un voyageur* (Marina, le Jasmin de Figline, le Château de la vie, Jodocus, don Ottavio). 1 vol. 1 fr.

La Fayette (Mme) : *Henriette d'Angleterre*, duchesse d'Orléans. 1 vol. 1 fr.

Lamartine (A. de) : *Christophe Colomb.* 1 vol. 1 fr.
— *Fénelon.* 1 vol. 1 fr.
— *Graziella.* 1 vol. 1 fr.
— *Gutenberg.* 1 vol. 50 c.
— *Héloïse et Abélard.* 1 vol. 50 c.
— *Le tailleur de pierres de Saint-Point.* 1 vol. 2 fr.
— *Nelson.* 1 vol. 1 fr.

Lanoye (de). Voyez Hervé et de Lanoye.

Las Cases (comte de) : *Souvenirs de l'empereur Napoléon Ier*, extraits du *Mémorial de Sainte-Hélène.* 1 v. 2 fr.

La Vallée (J.) : *La chasse à tir en France*; illustrée de 30 vignettes par F. Grenier. 3e édition. 1 vol. 3 fr.
— *La chasse à courre en France*, illustrée de 40 vignettes par Grenier fils 1 vol. 3 fr.
— *Les récits d'un vieux chasseur.* 1 volume. 2 fr.

Le Fèvre-Deumier (J.) . *Etudes biographiques et littéraires* sur quelques célébrités étrangères : I. Le Cavalier Marino; II. Anne Radcliffe; III. Paracelse; IV. Jérôme Vida. 1 vol. 1 fr.
— *OEhlenschlager*, le poëte national du Danemark. 1 vol. 1 fr.
— *Vittoria Colonna.* 1 vol. 1 fr.

Léouzon-Leduc : *La Baltique.* 1 v. 2 fr.
— *La Russie contemporaine.* 1 vol. 2 fr.
— *Les îles d'Aland*, avec carte et grav. 1 vol. 50 c.

Lesage : *Théâtre choisi contenant : Turcaret* et *Crispin rival de son maître.* 1 vol. 1 fr.

Levaillant : *Voyage dans l'intérieur de l'Afrique* (abrégé). 1 vol. 1 fr.

Lorain (P.). Voyez Guizot (F.).

Louandre (Ch.) : *La sorcellerie.* 1 v. 1 f.

Marco de Saint-Hilaire (E.) : *Anecdotes du temps de Napoléon Ier.* 1 vol. 1 fr.

Martin (Henri) : *Tancrède de Rohan.* 1 vol. 1 fr.

Mercey (F. de) : *Burk l'étouffeur; — les Frères de Stirling.* 1 vol. 1 fr.

Merruau (P.) : *Les convicts en Australie*, voyage dans la Nouvelle-Hollande. 1 vol. 1 fr.

Méry : *Contes et nouvelles.* 1 vol. 1 fr.
— *Héva.* 1 vol. 1 fr.
— *La Floride.* 1 vol. 2 fr.
— *La guerre du Nizam.* 1 vol. 2 fr.
— *Les matinées du Louvre; — Paradoxes et rêveries.* 1 vol. 1 fr.
— *Nouvelles nouvelles.* 1 vol. 1 fr.

Michelet : *Jeanne d'Arc.* 1 vol. 1 fr.
— *Louis XI et Charles le Téméraire.* 1 vol. 1 fr.

Monseignat (C. de) : *Le Cid Campéador*, chronique extraite des anciens poëmes espagnols, des historiens arabes et des biographies modernes. 1 vol. 50 c.
— *Un chapitre de la révolution française*, ou Histoire des journaux en France de 1789 à 1799, précédée d'une introduction historique sur les journaux chez les Romains et dans les temps modernes. 1 vol. 1 fr.

Montagne (lady) : *Lettres choisies*, traduites de l'angl. par *P. Boiteau.* 1 v. 1 fr.

Morin (Fréd.) : *Saint François d'Assise et les Franciscains.* 1 vol. 1 fr.

Mornand (F.) : *Un peu partout.* 1 volume. 1 fr.

Newil (Ch.) : *Contes excentriques.* 2e édition. 1 vol. 1 fr.
— *Nouveaux contes excentriques.* 1 volume. 2 fr.

Pichot (A.) : *Les Mormons.* 1 vol. 1 fr.

Piron : *La métromanie.* 1 vol. 50 c.

Poë : *Nouvelles choisies* (1° le Scarabée d'or ; 2° l'Aéronaute hollandais); trad. de l'anglais par *A. Pichot.* 1 vol. 1 fr.

Pouschkine (A.) : *La fille du capitaine*, trad. du russe par *Viardot.* 1 vol. 1 fr.

Prevost (l'abbé) : *La colonie rocheloise*, nouvelle extraite de l'Histoire de Cléveland. 1 vol. 1 fr.

Quicherat (Jules) : *Histoire du siège d'Orléans* et des honneurs rendus à la Pucelle. 1 vol. 50 c.

Regnard : *Le joueur.* 1 vol. 50 c.

Reybaud (Mme Ch.) : *Hélène.* 1 vol. 1 fr.
— *Faustine.* 1 vol. 1 fr.
— *La dernière Bohémienne.* 1 vol. 1 fr.
— *Le cadet de Colobrières.* 1 vol. 2 fr.
— *Mlle de Malepeire.* 1 vol. 1 fr.
— *Misé Brun.* 1 vol. 1 fr.
— *Sydonie.* 1 vol. 1 fr.

Rousset (Ch.) : Voyez *Guizot* (F.).

Saint-Félix (J. de) : *Aventures de Cagliostro.* 2e édition. 1 vol. 1 fr.

Saint-Hermel (de) : *Pie IX.* 1 vol. 50 c.

Saintine (X.-B.) : *Un rossignol pris au trébuchet ; le château de Génappe ; le roi des Canaries.* 1 vol. 1 fr.
— *Les trois reines.* 1 vol. 1 fr.
— *Antoine, l'ami de Robespierre.* 1 vol. 1 fr.
— *Le mutilé.* 1 vol. 1 fr.
— *Une maîtresse de Louis XIII.* 1 volume. 2 fr.
— *Chrisna.* 1 vol. 2 fr.

Saint-Simon (le duc de) : *Le Régent et la cour de France sous la minorité de Louis XV*, portraits, jugements et anecdotes extraits littéralement des *Mémoires* authentiques du duc de Saint-Simon. 2e édition. 1 vol. 2 fr.
— *Louis XIV et sa cour*, portraits, jugements et anecdotes extraits littéralement des *Mémoires* authentiques du duc de Saint-Simon. 3e édit. 1 v. 2 fr.

Sand (George) : *André.* 1 vol. 1 fr.
— *François le Champi.* 1 vol. 1 fr.
— *La mare au Diable.* 1 vol. 1 fr.
— *La petite Fadette.* 1 vol. 1 fr.
— *Narcisse.* 1 vol. 2 fr.

Sarasin : *La Conspiration de Walstein*, épisode de la guerre de Trente ans, avec un Appendice extrait des *Mémoires de Richelieu.* 1 vol. 50 c.

Scott (Walter) : *La fille du chirurgien*, traduite de l'anglais par *L. Michelant.* 1 vol. 1 fr.

Sedaine : *Le Philosophe sans le savoir.* 1 vol. 50 c.

Serret (Em.) : *Élisa Mérault.* 1 vol.
— *Francis et Léon.* 1 vol.

Sollohoub (comte) : *Nouvelles choisies* (1° Une aventure en chemin de fer ; 2° les deux Étudiants; 3° la Nouvelle inachevée; 4° l'Ours; 5° Serge), trad. du russe par *E. de Lonlay.* 1 vol. 1 fr.

Soulié (Frédéric) : *Le lion amoureux.* 1 volume. 1 fr.

Staal (Mme de) : *Deux années à la Bastille.* 1 vol. 1 fr.

Sterne : *Voyage en France à la recherche de la santé*, traduit de l'anglais par *A. Tassel.* 1 vol. 50 c.

Thackeray : *Le diamant de famille* et *la Jeunesse de Pendennis*, traduits de l'anglais par *A. Pichot.* 1 vol. 1 fr.

Töpffer : *Le presbytère.* 1 vol. 3 fr.
— *Rosa et Gertrude.* 1 vol. 3 fr.

Tresca : *Visite à l'Exposition universelle de Paris en* 1855, publiée avec la collaboration de MM. Alcan, Baudement, Boquillon, Delbrouck aîné, Deherain, Fortin Hermann, J. Gaudry, Molinos, C. Nepveu, H. Péligot, Pronnier, Silbermann, E. Trélat, U. Trélat, Tresca, etc., etc., sous la direction de M. Tresca, inspecteur principal de l'Exposition française à Londres, ancien commissaire du classement à l'Exposition de 1855, sous-directeur du Conservatoire des arts et métiers. 1 fort volume in-16 de 800 pages, contenant des plans et des grav. 1 fr.

Ubicini : *La Turquie actuelle.* 1 v. 2 fr.

Ulbach (Louis) : *Les roués sans le savoir.* 1 vol. 2 fr.

Viardot (L.) : *Souvenirs de chasse.* 6e édition. 1 vol. 2 fr.

Viennet : *Fables complètes.* 1 vol. 2 fr.

Voltaire : *Zadig.* 1 vol. 50 c.

Wailly (Léon de) : *Stella et Vanessa.* 1 vol. 1 fr.
— *Angelica Kauffmann.* 2 vol. 4 fr.

Yvan (Dr) : *De France en Chine.* 1 volume. 1 fr.

Zschokke (H.) : *Alamontade, ou le Galérien*, traduit de l'allemand par *E. de Suckau.* 1 vol. 50 c.
— *Jonathan Frock*, traduit par le même. 1 vol. 50 c.

Typographie de Ch. Lahure et Cie, rue de Fleurus, 9.

Ch. Lahure et Cⁱᵉ, imprimeurs du Sénat et de la Cour de Cassation,
Rues de Fleurus, 9, et de l'Ouest, 21.

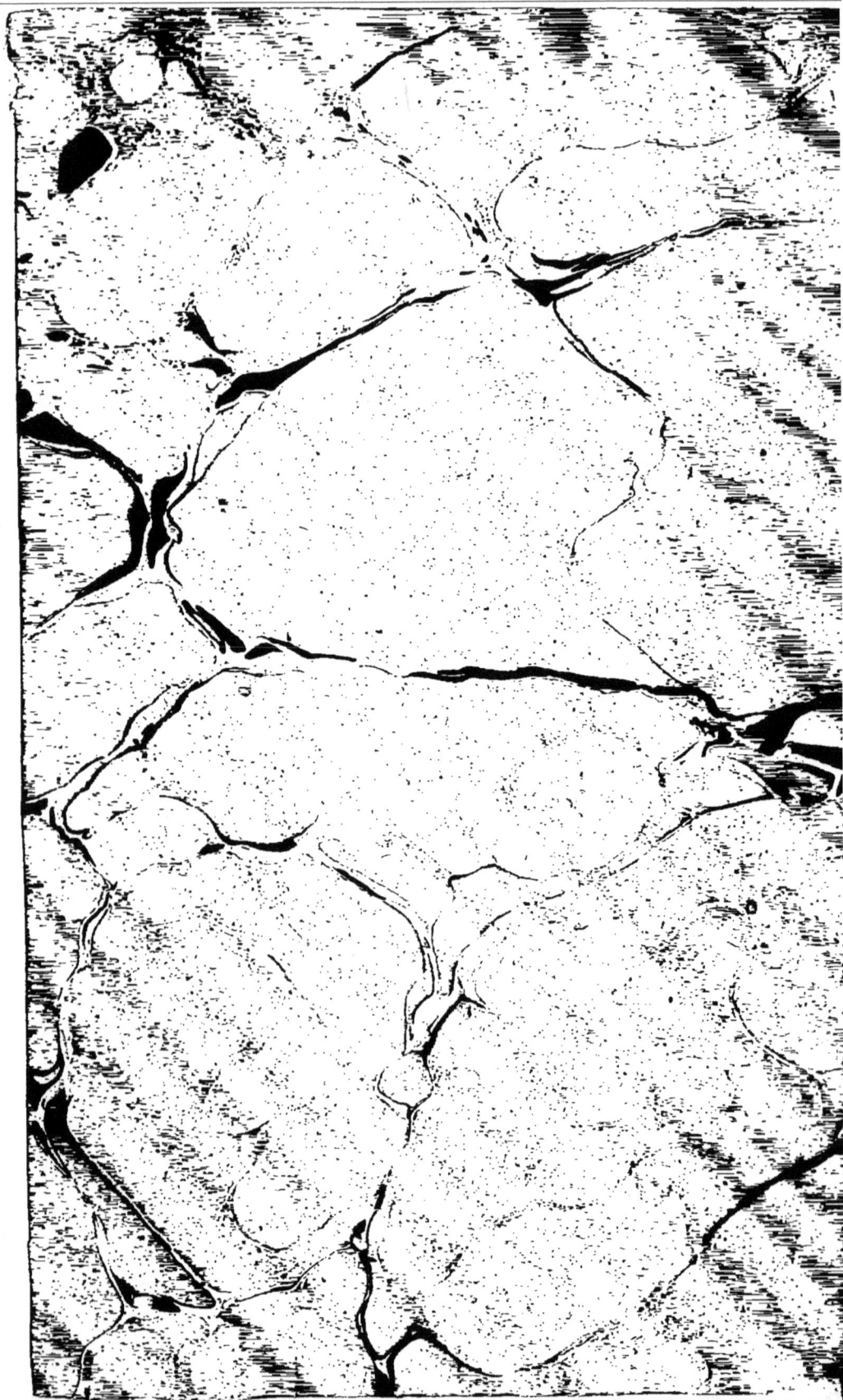

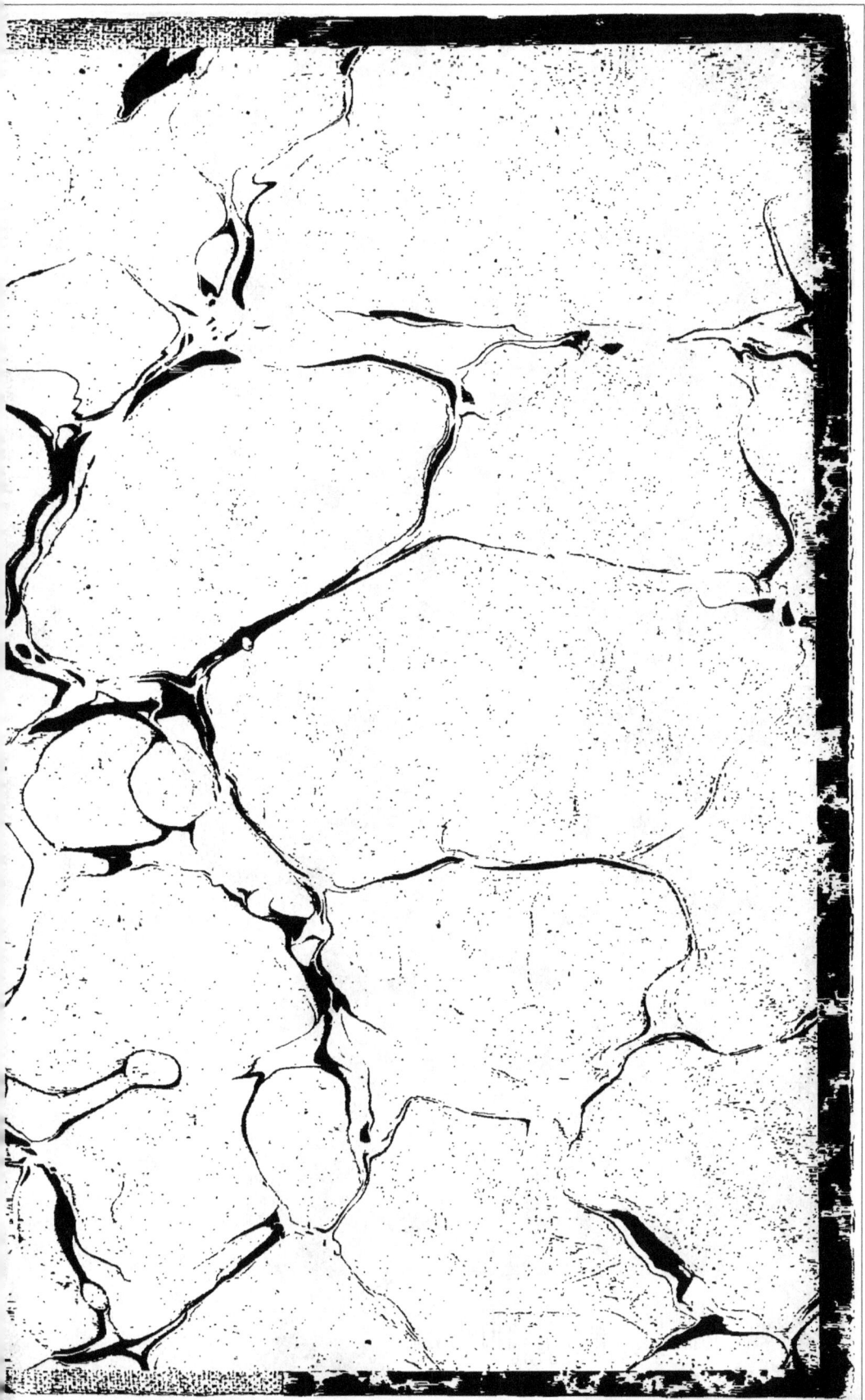

www.ingramcontent.com/pod-product-compliance
Lightning Source LLC
Chambersburg PA
CBHW072100080426
42733CB00010B/2174